Inhalt

Einleitung 4

Suppen, Snacks & Salate 8

Schnelle Gerichte 80

Eintöpfe & Braten 152

Grillen & Schlemmen 236

Gerichte aus aller Welt 296

Rezeptverzeichnis 384

EINLEITUNG

Einleitung

Eine der leichtesten und effektivsten Methoden, sich auf eine fettärmere Ernährung einzustellen, ist eine Änderung seiner Kochgewohnheiten. Mit bekannten Zutaten neue Gerichte auszuprobieren macht nicht nur Spaß, sondern gilt auch als ein wichtiger Pfeiler auf dem Weg zu einer gesünderen Ernährung.

Preiswertes und gesundes Hühnerfleisch ist zu Recht in aller Welt beliebt und spielt eine wichtige Rolle in der modernen Ernährung. Dank seiner Vielseitigkeit eignet es sich für beinahe alle Zubereitungsmethoden und Landesküchen. Es kann sowohl mit herzhaften als auch mit süßen Zutaten kombiniert werden. Wegen seines geringen Fettgehalts – vor allem bei der Zubereitung ohne Haut –, ist Hühnerfleisch bestens für eine cholesterin- und kalorienbewusste Ernährung geeignet. Es enthält hochwertige Proteine und Mineralien (besonders Kalium und Phospor) sowie Vitamine der B-Gruppe.

Lebensmittelsicherheit & Tipps

Huhn ist anfällig für den Befall mit Salmonellen, die eine schwere Lebensmittelvergiftung verursachen können. Deshalb müssen bei Lagerung, Transport und Zubereitung bestimmte Vorsichtsmaßnahmen beachtet werden.

- Achten Sie auf das Mindesthaltbarkeitsdatum. Transportieren Sie das Fleisch nach dem Kauf auf kürzestem Weg nach Hause, am besten in einem Kühlbeutel.

- Legen Sie tiefgefrorene Hühnchen so schnell wie möglich wieder in den Gefrierschrank.

- Lagern Sie das Fleisch im Kühlschrank ohne Verpackung und bewahren Sie das Hühnerklein separat auf. Legen Sie das Huhn in eine flache Schale, um den ablaufenden Saft aufzufangen. Decken Sie die Schale locker mit Alufolie ab und bewahren Sie das Fleisch nicht länger als zwei oder drei Tage im untersten Fach des Kühlschranks auf. Vermeiden Sie während der Lagerung und Zubereitung jeden Kontakt zwischen rohem Huhn und gekochten Speisen. Waschen Sie sich nach dem Umgang mit rohem Fleisch die Hände.

- Bereiten Sie rohes Huhn immer auf einem Brett zu, das leicht und gründlich zu reinigen ist.

- Tiefgefrorene Hühnchen sollten vor dem Kochen 36 Stunden im Kühlschrank oder 12 Stunden an einem kühlen Ort aufgetaut werden. Bakterien vermehren sich bei Zimmertemperatur und in auftauendem Fleisch. Durch das Garen bei hohen Temperaturen werden sie vollständig abgetötet. Es sollten keine Eiskristalle mehr vorhanden sein, und das Fleisch sollte sich überall weich und elastisch anfühlen. Das Fleisch sollte nach dem Auftauen möglichst bald gegart werden.

- Das Fleisch sollte wirklich gar sein. Der Gargrad lässt sich genau feststellen, indem man den Schenkel an der dicksten Stelle mit einer Messerspitze einsticht. Der austretende Saft sollte klar sein. Garen Sie Hühnerfleisch niemals nur halb, sondern immer vollständig und in einem Durchgang.

Pfannenrühren

Entbeintes und gehäutetes Hühnerfleisch wird in gleich große Stücke geschnitten, damit es gleichmäßig gart und saftig bleibt. Einen Wok oder Topf erhitzen, dann ein wenig Öl hineingeben. Wenn das Öl zu rauchen beginnt, das Fleisch zugeben und unter ständigem Rühren mit Gewürzen nach persönlichem Geschmack 3–4 Minuten garen. Man kann entweder andere Zutaten zugeben oder das Fleisch für sich garen, herausnehmen und dann die restlichen Zutaten, z. B. Gemüse, pfannenrühren. Das Fleisch wieder in den Wok geben, sobald die Zutaten gar sind.

Schmoren

Schmoren ist eine Garmethode, die wenig oder gar keine Flüssigkeit erfordert, da Teile oder ein kleines ganzes Hühnchen mit Gemüse langsam und bei niedriger Temperatur im Backofen gegart werden. Etwas Öl in einem Bräter erhitzen und das Fleisch sanft rundum goldgelb anbräunen. Das Fleisch herausnehmen und eine Auswahl an Gemüse andünsten, bis es fast gar ist. Das Fleisch wieder in den Bräter geben, einen Deckel oder Alufolie auflegen und auf dem Herd oder auch im Backofen bei schwacher Hitze garen.

Hellbraun dünsten (Poêlieren)

Poêlieren ist eine Zubereitungsart zwischen Braten und Dünsten. Diese Methode eignet sich für größere Stücke von älteren Tieren und kleinere ganze Hühnchen. Durch das langsame Garen wird das Fleisch zart und erhält viel Geschmack. Das Fleisch in etwas Butter oder Öl oder einer Mischung aus beidem kräftig anbraten. Brühe, Wein oder beides sowie Gewürze und Kräuter zugeben, abdecken und auf dem Herd oder im Backofen kochen, bis das Fleisch gar ist. Nach der Hälfte der Garzeit eine Auswahl an leicht sautiertem Gemüse in den Bräter geben.

Pochieren

Bei dieser sanften Garmethode erhält man zartes Hühnerfleisch und eine delikate Brühe. Geben Sie 1 ganzes Huhn, 1 Bouquet garni, 1 Porreestange, 1 Karotte und 1 Zwiebel in einen großen Topf. Mit Wasser bedecken, mit Salz und Pfeffer würzen und zum Kochen bringen. Dann abdecken und 1½–2 Stunden köcheln, bis das Fleisch zart ist. Das Huhn aus dem Topf nehmen und das Bouquet garni entfernen. Das Gemüse pürieren, die Brühe damit andicken und als Sauce verwenden, oder das Gemüse und die Brühe separat dazu reichen.

Backen

Das Fett aus dem Körperinnern entfernen. Das Huhn von innen und außen abwaschen und mit Küchenpapier trockentupfen. Innen großzügig mit Salz und Pfeffer bestreuen und nach Wunsch mit einer Farce, Kräutern oder einer Zitrone füllen. Die Brust mit weicher Butter oder Öl bestreichen. Das Huhn auf einem Rost in einen Bräter oder in eine flache ofenfeste Form legen und unter ein- oder zweimaligem Bestreichen mit dem Bratensaft im Backofen garen. Wenn das Huhn zu schnell bräunt, mit Alufolie abdecken. Den Garzustand mit einem Bratenthermometer prüfen oder das Fleisch vorsichtig an der dicksten Stelle des Schenkels mit der Messerspitze einstechen. Ist das Hühnchen gar, tritt klarer Fleischsaft aus. Das Huhn auf ein Schneidebrett legen und vor dem Servieren mindestens 5 Minuten ruhen lassen. Der Bratensaft lässt sich für eine Sauce verwenden.

Grillen

Durch die starke Hitze auf dem Grill schließen sich die Poren, und das Fleisch bleibt unter der knusprig braunen Oberfläche schön saftig. Das Huhn sollte dabei etwa 15 cm von der Hitzequelle entfernt sein. Wenn es zu schnell bräunt, die Temperatur leicht reduzieren oder den Abstand vergrößern. Grillt man das Fleisch zu heiß und zu nahe an der Hitzequelle, verbrennt die Außenseite, bevor das Innere gar ist. Gart es zu lange bei zu schwacher Hitze, wird es trocken. Man kann das Huhn in Teile tranchieren, damit es gleichmäßig gart. Brustfleisch kann recht trocken werden, wenn es am Stück gegrillt wird. Besser ist es, Fleischwürfel auf Spieße aufzustecken. Für schnelles Grillen eignen sich die Flügel am besten.

Braten

Diese Garmethode eignet sich für Schenkel, Unterkeulen und kleine Hühnerteile. Das Fleisch mit Küchenpapier trockentupfen, sodass es gut bräunt und beim Braten nicht spritzt. Das Fleisch kann mit gewürztem Mehl, Ei und Semmelbröseln oder einem Ausbackteig paniert werden. Öl oder eine Mischung aus Öl und Butter in einem schweren Topf erhitzen. Wenn das Öl richtig heiß ist, die Hühnerteile mit der Haut nach unten hineingeben und unter mehrmaligem Wenden rundum goldbraun braten. Vor dem Servieren auf Küchenpapier abtropfen lassen.

Dünsten

Kleine Teile oder kleineres Geflügel wie Stubenküken können hervorragend gedünstet werden. Wenig Öl oder eine Mischung aus Öl und Butter in einem schweren Topf erhitzen und die Teile unter häufigem Wenden bei mittlerer Hitze goldbraun anbraten. Mit Brühe oder einer anderen Flüssigkeit ablöschen, aufkochen, abdecken und die Temperatur auf niedrigste Stufe reduzieren. Sanft köcheln, bis das Fleisch gar ist.

SUPPEN, SNACKS & SALATE

Hühnersuppe gilt schon lange als gesunde Wohlfühlspeise, und einige Kulturen schätzen sie sogar als Allheilmittel. Tatsächlich ist sie ein sättigendes, leicht verdauliches Gericht voller Aromen. Um das beste Ergebnis zu erzielen, sollte man nur eine gute, selbst gemachte Hühnerbrühe verwenden, aber wenn die Zeit drängt, tut es sicher auch ein guter Brühwürfel. Jede Küche der Welt hat ihre eigene Version der Hühnersuppe, und so finden Sie in diesem Kapitel unter anderem Rezepte aus Italien, Schottland und China.

Hühnchen ist so vielseitig und einfach zuzubereiten, dass es sich hervorragend für Snacks eignet. Sein unaufdringlicher Geschmack macht es zu einem guten Partner für exotische Früchte und Gewürze oder auch für asiatische Zutaten wie Sojasauce, Sesamöl und Ingwer. In diesem Kapitel finden Sie Puffer, Salate und Hähnchenschenkel, die gefüllt und gebacken oder auch zu köstlich fruchtigen Salaten serviert werden. Hühnerteile sind ganz leicht mundgerecht zuzubereiten und daher ideal für ein Picknick oder ein köstliches Lunchpaket.

Suppen, Snacks & Salate

SUPPEN, SNACKS & SALATE

Schottische Hühnersuppe

Diese traditionelle schottische Suppe sollte man nach der Zubereitung mindestens einen Tag ruhen lassen, damit sich ihr Aroma entfalten kann.

Für 4 Personen

60 g getrocknete Erbsen, eingeweicht

900 g mageres Hähnchenbrustfilet, gewürfelt

1,25 l Hühnerbrühe

600 ml Wasser

60 g Gerste

Salz und weißer Pfeffer

1 große Karotte, gewürfelt

1 kleine weiße Rübe, gewürfelt

1 große Porreestange, in feine Ringe geschnitten

1 rote Zwiebel, fein gehackt

Haferbrot, zum Servieren

4 Das Gemüse zugeben und weitere 2 Stunden köcheln lassen.

5 Die Suppe mindestens 24 Stunden ruhen lassen. Dann wieder erhitzen, abschmecken und mit Haferbrot servieren.

4

2

3

1 Die eingeweichten Erbsen und das Hühnerfleisch in einen Topf geben, Brühe und Wasser zugießen und langsam zum Kochen bringen.

2 Den Schaum beim Kochen mit einem Schaumlöffel abschöpfen.

3 Die Gerste gründlich waschen. Sobald sich kein Schaum mehr auf der Suppe bildet, Gerste und Salz in den Topf geben und 35 Minuten köcheln lassen.

Variation

Die Suppe schmeckt auch mit Rind- oder Lammfleisch. Verwenden Sie statt Hühnerfleisch 225 g mageres Rinderlendensteak oder mageres Lammfilet. Das Fleisch vom Fett befreien und in Streifen schneiden.

Tipp

Verwenden Sie Gerstenkörner oder Perlgraupen. Die Gerstenkörner wurden nur von den Spelzen befreit – das volle Korn gibt der Suppe Biss und einen nussigen Geschmack.

SUPPEN, SNACKS & SALATE

Hühnerconsommé

Kochen Sie diese Suppe mit selbst gemachter Hühnerbrühe, dann schmeckt sie besonders delikat. Durch Eierschalen wird sie klar.

SUPPEN, SNACKS & SALATE

Für 8–10 Personen

1,75 l Hühnerbrühe

150 ml Medium Dry Sherry

4 Eiweiß und Eierschalen

Salz und Pfeffer

125 g Hühnerfleisch, gekocht und
 in dünne Streifen geschnitten

Garnierung (nach Belieben, s. Tipp)

2

3

4

1 Brühe und Sherry in einem großen Topf 5 Minuten sanft erhitzen.

2 Eiweiß und Eierschalen zur Brühe geben, mit einem Schneebesen kräftig verrühren und aufkochen lassen.

3 Den Topf vom Herd nehmen und die Suppe 10 Minuten abkühlen lassen. Den Vorgang dreimal wiederholen, damit das Eiweiß auf diese Weise die Suppe klären kann. Die Consommé 5 Minuten abkühlen lassen.

4 Ein Sieb mit einem Musselintuch auslegen und über einen sauberen Topf stellen. Anschließend die Suppe durch das vorbereitete Sieb seihen.

5 Das Abseihen zweimal wiederholen, dann die Suppe sanft erhitzen. Mit Salz und Pfeffer abschmecken und die Hühnerfleischstreifen zugeben. Die fertige Suppe in eine vorgewärmte Terrine füllen oder auf einzelne Suppenteller verteilen.

6 Die Consommé wie im Tipp rechts empfohlen garnieren und heiß servieren.

Tipp

Eine Consommé wird in der Regel mit frisch gekochten Suppennudeln, asiatischen Nudeln, Reis oder blanchiertem Gemüse garniert. Sie können aber auch Omelettstreifen verwenden.

SUPPEN, SNACKS & SALATE

Irische Hühnersuppe

Kartoffeln sind seit Jahrhunderten wichtiger Bestandteil der irischen Küche. Das Rezept stammt aus Nordirland, aus der schönen Region von Moira, County Down.

Für 4 Personen

3 Scheiben durchwachsener Räucherspeck, grob gewürfelt

500 g Hühnerfleisch, gehäutet, entbeint und gewürfelt

25 g Butter

3 Kartoffeln, gewürfelt

3 Zwiebeln, gehackt

600 ml Hühnerbrühe

600 ml Milch

Salz und Pfeffer

150 g Crème double

2 EL frisch gehackte Petersilie

irisches Sodabrot, zum Servieren

1 Den Speck und das Hühnerfleisch in einem großen Topf 10 Minuten sanft anbraten.

2 Butter, Kartoffeln und Zwiebeln zugeben und unter ständigem Rühren weitere 15 Minuten braten.

3 Brühe und Milch zugießen, aufkochen und 45 Minuten köcheln. Mit Salz und Pfeffer abschmecken.

4 Die Crème double einrühren und weitere 5 Minuten köcheln lassen. Die Petersilie einrühren, dann die fertige Suppe in eine vorgewärmte Terrine oder auf einzelne Suppenteller geben und mit irischem Sodabrot servieren.

1

2

4

Variation

Für ein sättigendes Hauptgericht können Sie der Suppe ganz nach Geschmack verschiedene Gemüse wie Porree, Knollensellerie oder Mais zufügen.

Tipp

Sodabrot wird nicht wie gewöhnlich mit Hefe gebacken, sondern mit Backpulver als Triebmittel. Man kann Weizenmehl oder auch Vollkornmehl verwenden.

Scharfe Mulligatawny-Suppe

Diese pikante Suppe kam mit heimkehrenden Soldaten und Dienstpersonal aus Indien nach Westeuropa. Vor allem an kalten Tagen ein besonderer Genuss.

SUPPEN, SNACKS & SALATE

Für 4 Personen

60 g Butter

1 Zwiebel, in Ringe geschnitten

1 Knoblauchzehe, zerdrückt

500 g Hühnerfleisch, gewürfelt

60 g Räucherspeck, gewürfelt

1 kleine weiße Rübe, gewürfelt

2 Karotten, gewürfelt

1 kleiner Kochapfel, entkernt und gewürfelt

2 EL mildes Currypulver

1 EL Currypaste

1 EL Tomatenmark

1 EL Mehl

1,25 l Hühnerbrühe

Salz und Pfeffer

150 g Schlagsahne

1 TL frisch gehackter Koriander,
    zum Garnieren

gekochter oder gebratener Reis,
    zum Servieren

1. Die Butter in einem großen Topf zerlassen. Zwiebel, Knoblauch, Hühnerfleisch und Speck 5 Minuten anbraten.

2. Rübe, Karotten und Apfel zugeben und weitere 2 Minuten braten.

3. Currypulver, Currypaste und Tomatenmark einrühren und mit dem Mehl bestreuen.

4. Die Hühnerbrühe zugießen, aufkochen, abdecken und etwa 1 Stunde bei schwacher Hitze köcheln lassen.

5. Die Suppe im Mixer glatt pürieren. Wieder erhitzen, gut mit Salz und Pfeffer abschmecken und nach und nach die Sahne einrühren. Die Suppe mit gehacktem Koriander garnieren und in kleinen Schalen mit gekochtem oder gebratenem Reis servieren.

3

4

2

Tipp

Die Suppe kann man bis zu einen Monat einfrieren. Danach verlieren die Gewürze ihren Geschmack und lassen die Suppe muffig schmecken.

SUPPEN, SNACKS & SALATE

Hühnersuppe mit Spargel

Diese leichte Brühe besticht durch den zarten Geschmack von grünem Spargel und die kräftigen Aromen frischer Kräuter.

SUPPEN, SNACKS & SALATE

1

4

Für 4 Personen

225 g grüner Spargel

850 ml frische Hühnerbrühe

150 ml trockener Weißwein

je 1 frischer Zweig Petersilie, Dill
und Estragon

1 Knoblauchzehe

60 g Reisnudeln

350 g mageres Hühnerfleisch, gekocht
und in dünne Streifen geschnitten

Salz und weißer Pfeffer

1 kleine Porreestange

3

Variation

Anstelle der hier vorgeschlagenen Kräuter können Sie auch andere verwenden – aber wählen Sie Arten mit mildem Aroma, die den Geschmack des Spargels nicht überlagern. Dünne Spargelstangen sind besonders zart.

Tipp

Reisnudeln enthalten kein Fett und sind daher eine ideale Alternative zu Eiernudeln.

1 Den Spargel waschen. Die holzigen Enden abschneiden und die Stangen in 4 cm lange Stücke schneiden.

2 Die Brühe und den Wein in einen großen Topf gießen und zum Kochen bringen.

3 Die Kräuter waschen und mit Küchengarn zusammenbinden. Den Knoblauch schälen und zusammen mit den Kräutern zur Brühe geben. Dann Spargel und Nudeln zufügen und alles 5 Minuten köcheln lassen.

4 Das Hühnerfleisch in die Suppe geben und diese kräftig mit Salz und Pfeffer würzen. Alles weitere 3–4 Minuten köcheln lassen, bis alles gut durchgewärmt ist.

5 Den Porree längs aufschneiden und gründlich waschen. Abtrocknen und längs in feine Streifen schneiden.

6 Den Knoblauch und die zusammengebundenen Kräuter entfernen. Die fertige Suppe in vorgewärmte Schalen füllen, die Porreestreifen darauf verteilen und sofort servieren.

SUPPEN, SNACKS & SALATE

Hühnersuppe mit Porree

Diese köstliche Suppe eignet sich auch als leichte Hauptmahlzeit. Geben Sie Reis und Paprika zu, damit sie noch herzhafter und bunter wird.

Für 6 Personen

350 g Hähnchenbrustfilet

350 g Porree

25 g Butter

1,25 l frische Hühnerbrühe

1 Bouquet garni

Salz und weißer Pfeffer

8 entsteinte Trockenpflaumen, halbiert

gekochter Reis und gewürfelte Paprika (nach Belieben)

1 Das Hühnerfleisch und den Porree mit einem scharfen Messer jeweils in 2,5 cm große Stücke schneiden.

2 Die Butter in einem großen Topf zerlassen. Hühnerfleisch und Porree darin 8 Minuten unter gelegentlichem Rühren anbraten.

3 Die Hühnerbrühe und das Bouquet garni zugeben und gut unterrühren.

5

4 Die Suppe mit Salz und Pfeffer kräftig abschmecken, zum Kochen bringen und 45 Minuten köcheln lassen.

5 Die Pflaumen und eventuell Paprika und Reis zufügen und 20 Minuten köcheln lassen. Das Bouquet garni entfernen. Die fertige Suppe in eine vorgewärmte Terrine füllen oder auf Suppenteller verteilen und sofort servieren.

2

Tipp

Wenn Sie Zeit haben, machen Sie die Hühnerbrühe selbst. Alternativ können Sie hochwertige Brühe aus dem Supermarkt kaufen.

3

Variation

Stellen Sie das Bouquet garni selbst zusammen, beispielsweise mit Petersilie, Thymian und Rosmarin. Die frischen Kräuter Ihrer Wahl binden Sie zu einem Bund zusammen.

SUPPEN, SNACKS & SALATE

SUPPEN, SNACKS & SALATE

Hühnercremesuppe mit Estragon

Estragon verleiht dieser cremigen Suppe einen leichten Anisgeschmack. Aber auch mit Petersilie verfeinert schmeckt sie sehr delikat.

SUPPEN, SNACKS & SALATE

Für 4 Personen

60 g Butter

1 große Zwiebel, gehackt

300 g gekochtes Hühnerfleisch,
  klein geschnitten

600 ml Hühnerbrühe

Salz und Pfeffer

1 EL frisch gehackter Estragon

150 g Crème double

frische Estragonblätter, zum Garnieren

frittierte Croûtons, zum Servieren

1

5

2

1 Die Butter in einem großen Topf zerlassen. Die Zwiebel zufügen und 3 Minuten darin andünsten.

2 Das Fleisch mit der Hälfte der Brühe zugeben und verrühren.

3 Aufkochen und 20 Minuten köcheln lassen. Anschließend abkühlen lassen und mit einem Pürierstab glatt pürieren.

4 Die restliche Brühe zugießen und mit Salz und Pfeffer abschmecken.

5 Den gehackten Estragon zugeben. Die Suppe in eine Terrine füllen oder auf einzelne Suppenteller verteilen, dann erst die Crème double einrühren.

6 Die fertige Suppe mit frischen Estragonblättern und mit Croûtons garniert servieren.

Tipp

Würzige Knoblauch-Croûtons erhalten Sie, indem Sie 3–4 Knoblauchzehen in einem Mörser zerstoßen und mit den Brotwürfeln zum Frittieren ins Öl geben.

Variation

Falls kein frischer Estragon erhältlich ist, können Sie auch getrockneten verwenden. Die Crème double kann durch Schlagsahne ersetzt werden.

23

SUPPEN, SNACKS & SALATE

Kalte Hühnercremesuppe mit Tomaten

Am besten schmeckt diese Suppe mit frischen Tomaten. Sie können aber auch Tomaten aus der Dose verwenden, der Geschmack ist dann weniger intensiv.

Für 2 Personen

60 g Butter

1 große Zwiebel, gehackt

500 g Hühnerfleisch, gehäutet und sehr klein geschnitten

600 ml Hühnerbrühe

6 Tomaten, gehäutet und fein gewürfelt

1 Prise Backpulver

Salz und Pfeffer

1 EL Zucker

150 g Crème double

frische Basilikumblätter, zum Garnieren

Croûtons, zum Servieren

1 Die Butter in einem großen Topf zerlassen. Die Zwiebel und das Fleisch 5 Minuten darin anbraten.

2 300 ml Hühnerbrühe zugeben, dann die Tomaten und das Backpulver einrühren.

5

3 Die Suppe aufkochen und 20 Minuten sanft köcheln lassen.

4 Die Suppe abkühlen lassen und anschließend im Mixer pürieren.

5 Die restliche Brühe zugießen, mit Salz und Pfeffer abschmecken, dann den Zucker einrühren. Die Suppe in eine Terrine füllen und die Crème double einrühren. Mit Basilikumblättern garnieren und mit Croûtons servieren.

Tipp

Kalorienbewusste können statt der Crème double auch Sahne mit weniger Fettgehalt verwenden und den Zucker weglassen.

2

4

Variation

Italienische Würze erhalten Sie durch 1 EL fein gehacktes, frisches Basilikum, das Sie bei Schritt 2 zugeben. Scharf wird die Suppe, wenn Sie alternativ 1/2 TL Curry- oder Chilipulver zufügen.

Hühnersuppe mit Korianderklößchen

Formen Sie aus Hühnerfleisch und Gemüse zusammen mit dem Klößchenteig kleine Pastetchen. Bestrichen mit etwas Butter, werden sie zu kleinen Küchlein gedrückt und dann goldbraun gebraten.

SUPPEN, SNACKS & SALATE

Für 6–8 Personen

900 g Hühnerfleisch, in Streifen geschnitten

60 g Mehl

Salz und Pfeffer

125 g Butter

3 EL Sonnenblumenöl

1 große Karotte, gehackt

1 Selleriestange, gehackt

1 Zwiebel, gehackt

1 kleine weiße Rübe, gehackt

120 ml Sherry

1 TL Thymian

1 Lorbeerblatt

1,75 l Hühnerbrühe

ofenfrisches Brot, zum Servieren

KORIANDERKLÖSSCHEN

60 g Mehl

1 TL Backpulver

60 g frische Semmelbrösel

2 EL klein geschnittener Rindertalg

2 EL frisch gehackter Koriander

2 EL fein abgeriebene Zitronenschale

Salz und Pfeffer

1 Ei

etwas Milch

1

5

7

1 Das Fleisch in dem Mehl wälzen und mit Salz und Pfeffer würzen.

2 Die Butter in einem Topf zerlassen und das Hühnerfleisch darin anbraten, bis es leicht bräunt.

3 Das Öl zugeben. Das Gemüse zufügen und goldbraun anbraten. Dann Sherry, Thymian und Lorbeer einrühren.

4 10 Minuten kochen, dann die Brühe zugießen. 3 Stunden köcheln, dann durch ein Sieb in einen sauberen Topf abseihen und abkühlen lassen.

5 Die Trockenzutaten für die Klößchen in einer großen Schüssel verrühren. Das Ei zugeben und gründlich mischen, dann etwas Milch zugießen, bis ein feuchter Teig entsteht.

6 Den Teig zu kleinen Klößchen formen und in etwas Mehl wälzen.

7 Die Klößchen 10 Minuten in sprudelndem Salzwasser kochen.

8 Mit einem Schaumlöffel aus dem Wasser heben und in die Suppe geben. Weitere 12 Minuten kochen, dann mit ofenfrischem Brot servieren.

Hühnercremesuppe mit Zitrone

Eine leichte Suppe mit erfrischendem Zitronenaroma für heiße Sommertage.

SUPPEN, SNACKS & SALATE

Für 4 Personen

60 g Butter

8 Schalotten, in dünne Ringe geschnitten

2 Karotten, in dünne Scheiben geschnitten

2 Selleriestangen, in dünne Scheiben geschnitten

250 g Hähnchenbrustfilet, klein geschnitten

3 Zitronen

1,25 l Hühnerbrühe

Salz und Pfeffer

150 g Schlagsahne

GARNIERUNG

frische Petersilienzweige

Zitronenscheiben

Variation

Sie können statt der Zitronen auch Orangen verwenden (s. S. 35). Dieses Rezept lässt sich auch gut zu einer Entencremesuppe mit Orange abwandeln.

1

4

2

5 Alles langsam aufkochen und 50 Minuten köcheln. Abkühlen lassen und dann im Mixer glatt pürieren. Die Suppe anschließend wieder in den Topf geben, erhitzen, mit Salz und Pfeffer abschmecken und die Sahne einrühren. Nicht mehr kochen, da die Sahne sonst gerinnt.

6 Die Suppe in eine vorgewärmte Terrine füllen oder auf einzelne Suppenteller verteilen. Mit Petersilie und Zitronenscheiben garniert servieren.

1 Die Butter in einem großen Topf zerlassen und Gemüse und Fleisch darin 8 Minuten sanft anbraten.

2 Die Schale der Zitronen dünn abschälen und 3 Minuten in sprudelndem Wasser kochen.

3 Den Saft aus den Zitronen pressen.

4 Die Zitronenschalen und den frischen Zitronensaft zusammen mit der Hühnerbrühe in den Topf geben.

29

SUPPEN, SNACKS & SALATE

Perlhuhnsuppe mit Spaghetti

Perlhuhnfleisch ist dem Hühnerfleisch in Geschmack und Konsistenz sehr ähnlich. Es schmeckt sehr mild, aber dennoch etwas kräftiger als Hühnerfleisch.

Für 6 Personen

500 g Hühnerfleisch, gehäutet und gewürfelt

500 g Perlhuhnfleisch, gehäutet und gewürfelt

600 ml Hühnerbrühe

1 kleine Zwiebel

6 Pfefferkörner

1 TL Gewürznelken

1 Prise Muskatblüte

150 g Crème double

20 g Butter

2 TL Mehl

125 g Spaghetti, klein gebrochen und gekocht

2 EL frisch gehackte Petersilie, zum Garnieren

Variation

Statt Spaghetti können Sie auch kleinere Nudelsorten verwenden wie Penne oder Conchigliette.

4

5

6

1 Die Fleischwürfel mit der Brühe in einen großen Topf geben.

2 Aufkochen und Zwiebel, Pfefferkörner, Nelken und Muskatblüte zugeben. 2 Stunden sanft köcheln, bis die Suppe um ein Drittel reduziert ist.

3 Die Suppe durch ein Sieb abgießen und das Fett abschöpfen. Das Fleisch herausnehmen und alle Knochen des Geflügels entfernen.

4 Die Suppe und das Fleisch in einen sauberen Topf geben. Die Crème double einrühren und langsam aufkochen.

5 Die Butter zerlassen und mit dem Mehl zu einer Paste verrühren. Die Mehlschwitze in die Suppe geben und rühren, bis die Suppe leicht andickt.

6 Kurz vor dem Servieren die Spaghetti zugeben.

7 Die Suppe in einzelne Suppenteller füllen, mit Petersilie garnieren und servieren.

SUPPEN, SNACKS & SALATE

Wantan-Suppe mit Huhn

Für alle Liebhaber der chinesischen Küche eignet sich dieses Rezept hervorragend als Vorspeise für ein chinesisches Menü oder als eine leichte Mahlzeit.

SUPPEN, SNACKS & SALATE

Für 4–6 Personen

FÜLLUNG

350 g Hühnerhack

1 EL Sojasauce

1 TL frisch geriebener Ingwer

1 Knoblauchzehe, zerdrückt

2 TL Sherry

2 Frühlingszwiebeln, in Ringe geschnitten

1 TL Sesamöl

1 Eiweiß

½ TL Speisestärke

½ TL Zucker

etwa 35 Wantan-Hüllen

SUPPE

1,5 l Hühnerbrühe

1 EL helle Sojasauce

1 Frühlingszwiebel, in dünne Streifen geschnitten

1 kleine Karotte, in dünne Streifen geschnitten

3

4

1. Alle Zutaten für die Füllung gut mischen.

2. Einen kleinen Löffel Füllung in die Mitte jeder Wantan-Hülle geben.

3. Die Ränder der Teigblätter befeuchten, hochnehmen und fest zusammendrücken, sodass kleine Säckchen entstehen.

4. Die Wantans in kochendes Wasser legen. Nach 1 Minute bzw. sobald sie an der Oberfläche schwimmen, mit einem Schaumlöffel herausnehmen.

6

5. Die Hühnerbrühe in einen Topf geben und zum Kochen bringen.

6. Sojasauce, Frühlingszwiebel, Karotte und Wantans in die Suppe geben. 2 Minuten köcheln lassen und heiß servieren.

Variation

Das Hühnerfleisch können Sie durch Schweinehack ersetzen.

Tipp

Wantan-Hüllen erhalten Sie in asiatischen Lebensmittelläden. Frische, gebrauchsfertige Wantan-Hüllen aus dem Kühlregal können auch in Frischhaltefolie verpackt eingefroren werden.

Hühnercremesuppe mit Orange

In diesem raffinierten Rezept können die Orangen auch durch Zitronen ersetzt werden. Als festliche Variation nehmen Sie Entenfleisch statt Hühnerfleisch.

SUPPEN, SNACKS & SALATE

2

Für 4 Personen

60 g Butter

8 Schalotten, in dünne Ringe geschnitten

2 Karotten, in dünne Scheiben geschnitten

2 Selleriestangen, in dünne Scheiben geschnitten

250 g Hähnchenbrustfilet, klein geschnitten

3 Orangen

1,25 l Hühnerbrühe

Salz und weißer Pfeffer

150 g Schlagsahne

Sodabrot, zum Servieren

GARNIERUNG

frische Petersilienzweige

Orangenscheiben

3

5

1 Die Butter in einem großen Topf zerlassen. Schalotten, Karotten, Sellerie und Fleisch unter gelegentlichem Rühren 8 Minuten sanft darin anbraten.

2 Die Schale der Orangen mit einem Sparschäler oder scharfen Messer dünn abschälen und etwa 3 Minuten in sprudelndem Wasser kochen.

3 Den Saft aus den Orangen pressen und zusammen mit den Orangenschalen und der Hühnerbrühe in den Topf geben.

4 Alles langsam aufkochen und 50 Minuten köcheln. Die Suppe abkühlen lassen und anschließend im Mixer glatt pürieren.

5 Die Suppe wieder in den Topf geben, erhitzen, abschmecken und die Sahne einrühren. Nicht mehr kochen, da die Sahne sonst gerinnt.

6 Die Suppe in eine vorgewärmte Terrine füllen oder auf einzelne Suppenteller füllen. Mit Petersilie und Orangenscheiben garnieren und mit Sodabrot servieren.

Variation

Ersetzen Sie die Orangen nach Wunsch durch Zitronen (s. S. 29). Verwenden Sie unbedingt nur ungespritzte und ungewachste Zitrusfrüchte.

SUPPEN, SNACKS & SALATE

Hühnersuppe mit Kichererbsen

Diese herzhafte Suppe ist eine ideale Vorspeise für ein Familienessen.

Für 4 Personen

25 g Butter

3 Frühlingszwiebeln, gehackt

2 Knoblauchzehen, zerdrückt

1 frischer Majoranzweig, fein gehackt

350 g Hähnchenbrustfilet, gewürfelt

1,25 l Hühnerbrühe

350 g Kichererbsen aus der Dose, abgetropft

1 Bouquet garni

Salz und weißer Pfeffer

1 rote Paprika, entkernt und gewürfelt

1 grüne Paprika, entkernt und gewürfelt

125 g kurze Nudeln

Croûtons, zum Servieren

1

4

2

Tipp

Sie können auch getrocknete Kichererbsen verwenden. Diese müssen Sie vor dem Verarbeiten 5–8 Stunden in kaltem Wasser einweichen. Gießen Sie sie anschließend ab und geben Sie sie in die Suppe.

1 Die Butter in einem großen Topf zerlassen. Frühlingszwiebeln, Knoblauch, Majoran und Fleisch zugeben und unter regelmäßigem Rühren 5 Minuten bei mittlerer Hitze anbraten.

2 Brühe, Kichererbsen und Bouquet garni zugeben, durchrühren und kräftig mit Salz und weißem Pfeffer abschmecken.

3 Die Suppe behutsam aufkochen, dann die Hitze reduzieren und etwa 2 Stunden sanft köcheln lassen.

4 Paprika und Nudeln in den Topf geben und die Suppe weitere 15 Minuten köcheln. Das Bouquet garni entfernen.

5 Die Suppe in eine vorgewärmte Terrine füllen oder auf einzelne Suppenteller verteilen, mit den Croûtons garnieren und sofort servieren.

SUPPEN, SNACKS & SALATE

Hühnercremesuppe mit Nudeln

Diese köstliche Sommersuppe ist verblüffend einfach zuzubereiten.

Für 4 Personen

60 g Butter

8 Schalotten, in dünne Ringe geschnitten

2 Karotten, in dünne Scheiben geschnitten

2 Selleriestangen, in dünne Scheiben geschnitten

250 g Hähnchenbrustfilet, klein geschnitten

3 Zitronen

1,25 l Hühnerbrühe

250 g Spaghetti, klein gebrochen

Salz und weißer Pfeffer

150 g Schlagsahne

GARNIERUNG

frische Petersilienzweige

2 Zitronenscheiben, halbiert

1 Die Butter in einem großen Topf zerlassen, Schalotten, Karotten, Sellerie und Hühnerfleisch zugeben und bei schwacher Hitze 8 Minuten dünsten.

2 Die Schale der Zitronen dünn abschälen und 3 Minuten in sprudelndem Wasser kochen. Anschließend den Saft aus den Zitronen pressen.

3 Zitronensaft und -schale mit der Hühnerbrühe zugeben, aufkochen und 40 Minuten bei schwacher Hitze ziehen lassen. Gelegentlich umrühren.

4 Die Spaghetti zugeben und 15 Minuten mitkochen. Die Suppe mit Salz und Pfeffer abschmecken und die Sahne einrühren. Wieder erhitzen, aber nicht mehr kochen, da die Sahne sonst gerinnt.

5 In eine vorgewärmte Terrine oder auf Suppenteller geben, mit frischer Petersilie und den halbierten Zitronenscheiben garnieren und sofort servieren.

2

Tipp

Sie können die Suppe bis zu Schritt 3 schon im Vorfeld zubereiten, sodass Sie die Nudeln und die Garnierung erst kurz vor dem Servieren zufügen müssen.

1

4

SUPPEN, SNACKS & SALATE

Hühnersuppe mit Erbsen

Eine herzhafte Suppe, die ganz einfach zuzubereiten ist. Sie können sowohl grüne als auch gelbe Erbsen oder eine Mischung aus beiden verwenden.

Für 4–6 Personen

3 Scheiben durchwachsener Räucherspeck, gewürfelt

900 g Hühnerfleisch, gewürfelt

1 große Zwiebel, gehackt

15 g Butter

500 g Erbsen

2,4 l Hühnerbrühe

Salz und Pfeffer

150 g Schlagsahne

2 EL frisch gehackte Petersilie

Käsecroûtes, zum Servieren (s. Tipp)

1 Speck, Hühnerfleisch und Zwiebel mit etwas Butter in einen großen Topf geben und etwa 8 Minuten bei schwacher Hitze anbraten.

2 Erbsen und Brühe zugeben, aufkochen, leicht mit Salz und Pfeffer abschmecken, abdecken und 2 Stunden köcheln lassen.

3 Die Sahne in die Suppe rühren, mit Petersilie bestreuen und mit Käsecroûtes garnieren.

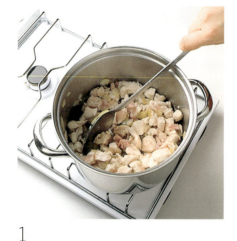

1

2

Tipp

Croûtes sind frittierte oder gebackene Weißbrotscheiben. Sie werden mit Käse bestreut und kurz getoastet.

Variation

Sie können den Speck auch durch 100 g gewürfelten Kochschinken ersetzen.

Tipp

Wenn Sie getrocknete Erbsen verwenden, weichen Sie sie mehrere Stunden oder über Nacht in einer großen Schüssel mit kaltem Wasser ein. Sie können die Erbsen auch in einem Topf mit kaltem Wasser aufkochen und dann im Wasser abkühlen lassen. Anschließend gut abgießen.

SUPPEN, SNACKS & SALATE

SUPPEN, SNACKS & SALATE

Thailändische Hühnersuppe

Diese scharfe Suppe ist schnell zubereitet und sehr nahrhaft.
Wer es noch feuriger liebt, kann eine gehackte Chili zufügen.

SUPPEN, SNACKS & SALATE

1

Für 4 Personen

150 g asiatische Eiernudeln

1 EL Öl

4 Hähnchenschenkel, gehäutet, entbeint und gewürfelt

1 Bund Frühlingszwiebeln, in Ringe geschnitten

2 Knoblauchzehen, gehackt

2-cm-Stück Ingwerwurzel, fein gehackt

900 ml Hühnerbrühe

200 ml Kokosmilch

3 TL rote Currypaste

3 EL Erdnussbutter

2 EL helle Sojasauce

Salz und Pfeffer

1 kleine rote Paprika, entkernt und gehackt

60 g Erbsen, Tiefkühlware aufgetaut

2

3

1 Die Nudeln in eine flache Schüssel geben und nach Packungsanweisung in kochendem Wasser einweichen.

2 Das Öl in einem Wok oder großen Topf erhitzen. Das Fleisch zugeben und 5 Minuten unter Rühren braten, bis es leicht gebräunt ist. Die weißen Teile der Frühlingszwiebeln, Knoblauch und Ingwer zugeben und 2 Minuten unter Rühren braten. Hühnerbrühe, Kokosmilch, Currypaste, Erdnussbutter und Sojasauce einrühren. Mit Salz und Pfeffer abschmecken. Kurz aufkochen und unter gelegentlichem Rühren 8 Minuten köcheln. Paprika, Erbsen und Zwiebelgrün zufügen und 2 Minuten garen.

3 Die abgegossenen Nudeln zufügen und kurz erhitzen. Die Nudelsuppe in vorgewärmte Suppentassen füllen und mit Suppenlöffel und Gabel servieren.

Variation

Weniger feurig scharf wird die Suppe, wenn Sie grüne Currypaste statt der roten verwenden.

SUPPEN, SNACKS & SALATE

Hühnersuppe mit Mais

Die Vermicelli geben dieser asiatischen Suppe eine italienische Note.

Für 4 Personen

450 g Hähnchenbrustfilet, in Streifen geschnitten
1,25 l Hühnerbrühe
150 g Crème double
Salz und Pfeffer
100 g Fadennudeln (Vermicelli)
1 EL Speisestärke
3 EL Milch
175 g Maiskörner

1

4

Tipp

Ganz Eilige können auch fertig gekochtes Hühnerfleisch verwenden. Die Haut entfernen und das Fleisch in Streifen schneiden.

Variation

Für eine Krebssuppe mit Mais können Sie das Rezept leicht abwandeln. Verwenden Sie statt der Hähnchenbrust 450 g gekochtes Krebsfleisch. Zerpflücken Sie es gut, bevor Sie es in den Topf geben, und verkürzen Sie die Kochzeit um 10 Minuten. Rundum chinesisch wird die Suppe, indem Sie Mais aus der Dose und statt Vermicelli asiatische Eiernudeln verwenden.

1 Fleisch, Hühnerbrühe und Crème double in einen großen Topf geben und bei schwacher Hitze zum Kochen bringen. 20 Minuten sanft köcheln. Kräftig mit Salz und Pfeffer abschmecken.

2 Unterdessen die Vermicelli in einem Topf mit leicht gesalzenem Wasser 10–12 Minuten kochen, bis sie gar sind. Abgießen und warm halten.

4

3 In einer kleinen Schüssel Speisestärke und Milch zu einer glatten Paste verrühren. Die Paste unter die Suppe rühren, bis diese eingedickt ist.

4 Maiskörner und Vermicelli zugeben und erhitzen.

5 Die Suppe in eine vorgewärmte Terrine füllen oder auf einzelne Suppenschälchen verteilen und sofort servieren.

SUPPEN, SNACKS & SALATE

SUPPEN, SNACKS & SALATE

Hühnersuppe mit Nudeln & Gemüse

Diese deftige Suppe eignet sich gut als Mittag- oder Abendessen.
Man kann dafür jedes Gemüse verwenden, das gerade zur Hand ist.

Für 6 Personen

350 g Hähnchenbrustfilet
2 EL Sonnenblumenöl
1 Zwiebel, gewürfelt
250 g Karotten, gewürfelt
250 g Blumenkohlröschen
850 ml Hühnerbrühe
2 TL gemischte Kräuter
125 g kurze Nudeln
Salz und Pfeffer
frisch geriebener Parmesan (nach Belieben)
knuspriges Brot, zum Servieren

1

2

3

Tipp

Für diese Suppe können Sie verschiedene kleine Nudelsorten verwenden, z. B. Conchigliette, Ditalini oder auch in kleine Stücke gebrochene Spaghetti. Für Kinder sind Buchstabennudeln oder Nudeln mit Tiermotiven besonders lustig.

1 Die Hähnchenbrustfilets in kleine Würfel schneiden.

2 Das Öl in einem großen Topf erhitzen, Fleisch und Gemüse zugeben und scharf anbraten.

3 Brühe und Kräuter einrühren. Aufkochen und die Nudeln zugeben. Erneut zum Kochen bringen, abdecken und 10 Minuten unter gelegentlichem Rühren köcheln lassen.

4 Mit Salz und Pfeffer abschmecken und nach Belieben mit Parmesan bestreuen. Mit knusprigem Brot servieren.

Variation

Verwenden Sie Broccoli- statt Blumenkohlröschen. Die gemischten trockenen Kräuter können Sie durch verschiedene frische Kräuter ersetzen.

SUPPEN, SNACKS & SALATE

Hähnchenkeulen mit Ricotta

Diese Hähnchenkeulen sind ideal für jede Party, denn Sie können sie bequem im Voraus zubereiten. Man kann sie im Ofen backen oder im Sommer bei einem gemütlichen Barbecue grillen.

Für 6 Personen

15 g Butter
1 Knoblauchzehe, zerdrückt
3 EL frisch gehackte Petersilie
125 g Ricotta
4 EL frisch geriebener Parmesan
3 EL frische Semmelbrösel
Salz und Pfeffer
12 Hähnchenunterkeulen
Zitronenscheiben, zum Garnieren
gemischter Salat, zum Servieren

1 Die Butter in einem Topf zerlassen und den Knoblauch unter Rühren 1 Minute darin andünsten, ohne ihn zu bräunen.

2 Den Topf vom Herd nehmen und Petersilie, Käse, Semmelbrösel, Salz und Pfeffer einrühren.

3 Die Haut um die Hähnchenunterkeulen vorsichtig lösen.

4 Mit einem Teelöffel jeweils etwa 1 Esslöffel der Füllung unter die Haut jeder Unterkeule schieben und das Fleisch in einem großen Bräter auslegen.

5 Den Backofen auf 190 °C vorheizen und die Unterkeulen 45 Minuten backen. Heiß oder kalt mit Zitronenscheiben garnieren und mit dem Salat servieren.

Variation

Statt Parmesan können Sie auch andere würzige Käsesorten verwenden, z. B. einen anderen italienischen Hartkäse wie den Pecorino oder einen reifen Gouda.

Tipp

Frisch geriebener Parmesan hat mehr Biss und Aroma als fertig geriebener aus dem Supermarkt. Reiben Sie nur so viel, wie Sie brauchen, und schlagen Sie den Rest in Frischhaltefolie ein – er hält sich im Kühlschrank mehrere Monate.

Käse-Hühnchen-Toast

Diese Toasts mit Hühnchen und Käse sind als kleiner Snack einfach Genuss pur. Wunderbar schmecken sie auch als Brotbeilage zu einer Suppe.

SUPPEN, SNACKS & SALATE

1

Für 4 Personen

250 g frisch geriebener Gouda

250 g Hühnerfleisch, gekocht
   und klein geschnitten

25 g weiche Butter

1 EL Worcestersauce

1 TL Senfpulver

1 TL Mehl

4 EL helles Bier

Salz und Pfeffer

4 Weißbrotscheiben

1 EL frisch gehackte Petersilie,
   zum Garnieren

Kirschtomaten, zum Servieren

3

4

Tipp

Dieses Rezept ist eine Variante der überbackenen Käseschnitte „Welsh Rarebit", die kein Huhn enthält. Ein mit pochiertem Ei belegtes Welsh Rarebit nennt man „Buck Rarebit".

1 Käse, Hühnerfleisch, Butter, Worcestersauce, Senfpulver, Mehl und Bier in einen kleinen Topf geben. Alle Zutaten verrühren und mit Salz und Pfeffer abschmecken.

2 Die Hühnerfleischmischung langsam zum Kochen bringen und dann sofort vom Herd nehmen.

3 Die Mischung mit einem Holzlöffel cremig rühren. Beiseite stellen und abkühlen lassen.

4 Sobald die Mischung kalt ist, das Brot von beiden Seiten toasten und großzügig mit der Mischung bestreichen.

5 Unter dem vorgeheizten Backofengrill goldbraun überbacken.

6 Mit etwas gehackter Petersilie bestreuen und mit Kirschtomaten servieren.

Hühnchenpuffer mit Kräutern

Serviert mit einem grünen Salat, einer frisch gemachten Salsa oder einem Chili-Dip sind diese Hühnchenpuffer einfach unwiderstehlich.

SUPPEN, SNACKS & SALATE

Ergibt 8 Stück

500 g Kartoffelpüree mit Butter

250 g Hühnerfleisch, gekocht und klein geschnitten

125 g Kochschinken, klein geschnitten

1 EL gemischte Kräuter

2 Eier, leicht verquirlt

Salz und Pfeffer

Milch

125 g frische Vollkorn-Semmelbrösel

Öl, zum Braten

1 frischer Petersilienzweig, zum Garnieren

gemischter Salat, zum Servieren

1 Das Püree in einer großen Schüssel mit Fleisch, Schinken, Kräutern und 1 Ei mischen und mit Salz und Pfeffer abschmecken.

2 Die Mischung zu Kugeln oder flachen Puffern formen.

3 Etwas Milch mit dem zweiten Ei verrühren.

4 Die Semmelbrösel auf einen flachen Teller geben. Die Puffer in die Ei-Milch-Mischung tauchen und in den Semmelbröseln wenden.

5 Das Öl in einer großen Pfanne erhitzen und die Puffer goldbraun braten. Mit Petersilie garnieren und mit gemischtem Salat servieren.

4

1

2

Variation

Geben Sie zusätzlich frisch gehackten Estragon und Petersilie in die Kartoffelpüree-Fleisch-Mischung.

Tipp

Für eine pikante Tomatensauce 200 g passierte Tomaten und 4 Esslöffel Weißwein erhitzen. Abschmecken, vom Herd nehmen und 4 Esslöffel Naturjoghurt einrühren. Wieder auf den Herd stellen und mit Chilipulver abschmecken.

Hühnchen-Peperonata

Die sonnigen Farben und Aromen des Mittelmeers sind in diesem leichten Gericht vereint.

Für 4 Personen

8 Hähnchenoberkeulen

2 EL Vollkornmehl

2 EL Olivenöl

1 kleine Zwiebel, in dünne Ringe geschnitten

1 Knoblauchzehe, zerdrückt

je 1 große rote, gelbe und grüne Paprika, entkernt und in dünne Streifen geschnitten

400 g gewürfelte Tomaten aus der Dose

1 EL frisch gehackter Oregano

Salz und Pfeffer

frisch gehackte Petersilie oder Oregano, zum Garnieren

ofenfrisches Vollkornbrot, zum Servieren

1

3

2

1 Die Hähnchenoberkeulen enthäuten und im Mehl wenden.

2 Das Öl in einer Pfanne erhitzen und die Keulen scharf anbraten, um sie zu versiegeln und zu bräunen, dann aus der Pfanne nehmen. Die Zwiebel sanft glasig anbraten. Knoblauch, Paprika, Tomaten und Oregano zugeben und unter Rühren erhitzen.

3 Die Hähnchenoberkeulen auf das Gemüse legen, kräftig mit Salz und Pfeffer abschmecken, den Deckel auflegen und etwa 20–25 Minuten köcheln lassen, bis das Fleisch gar und zart ist.

4 Abschmecken, mit Petersilie oder Oregano garnieren und mit ofenfrischem Vollkornbrot servieren.

Tipp

Haben Sie keinen frischen Oregano zur Hand, verwenden Sie mit Kräutern verfeinerte Dosentomaten.

Variation

Das Gemüse erhält einen intensiveren Geschmack, wenn Sie die Paprika halbieren und sie unter dem vorgeheizten Backofengrill grillen, bis sich die Haut bräunt. Abkühlen lassen, Haut und Kerne entfernen und in dünne Streifen schneiden.

SUPPEN, SNACKS & SALATE

Hähnchensandwich

Diese leckeren Sandwiches schmecken nicht nur als Snack zu Hause, sondern auch zum Picknick im Freien.

SUPPEN, SNACKS & SALATE

3

4

Tipp

Sie können auch einen milden Senf verwenden. Geben Sie Mayonnaise zu und garnieren Sie alles mit Brunnenkresse.

Für 6 Personen

6 dicke Scheiben Brot oder längs halbiertes und in 6 Stücke geschnittenes Baguette, gebuttert

3 Eier, hart gekocht, das Eigelb durch ein Sieb gedrückt und das Eiweiß gehackt

25 g weiche Butter

2 EL scharfer Senf

1 TL Anchovispaste

Salz und Pfeffer

250 g frisch geriebener Emmentaler

3 Hähnchenbrustfilets, gekocht und fein gehackt

12 Scheiben Tomate

12 Scheiben Salatgurke

5

Variation

Als kleine Abwandlung geben Sie 50 g fein gehackten, knusprig gegrillten Speck zu der Käse-Hühnchen-Mischung.

1 Die Rinde vom Brot schneiden (nach Belieben).

2 Eigelb und Eiweiß von 1 Ei beiseite stellen.

3 Die restlichen Eier in einer großen Schüssel mit Butter, Senf und Anchovispaste mischen und kräftig mit Salz und Pfeffer abschmecken.

4 Geriebenen Käse und Hühnerfleisch zugeben und die Mischung auf die Brote streichen.

5 Abwechselnde Reihen von Eiweiß und Eigelb auf dem Belag anrichten. Die Tomaten- und Gurkenscheiben auf den Sandwiches verteilen und servieren.

SUPPEN, SNACKS & SALATE

Ofenkartoffeln mit Huhn & Käse

Besonders köstlich schmecken diese Ofenkartoffeln, wenn sie mit gegrillter Hähnchenbrust gefüllt und mit einem knackigen Salat serviert werden.

Für 4 Personen

4 große Ofenkartoffeln
4 Frühlingszwiebeln
250 g fettarmer Frischkäse
250 g Hähnchenbrustfilet, gekocht oder gegrillt
Pfeffer
Krautsalat, grüner Salat oder gemischter Salat, zum Servieren

1 Den Backofen auf 200 °C vorheizen. Die Kartoffeln abschrubben und rundum mit einer Gabel einstechen. 50–60 Minuten im Ofen backen, bis sie gar sind, oder 12–15 Minuten bei höchster Stufe in der Mikrowelle garen.

3

2 Die Frühlingszwiebeln putzen, in dicke Ringe schneiden und mit dem Frischkäse verrühren. Das Fleisch würfeln und unterheben.

3 Die Kartoffeln auf der Oberseite kreuzförmig einschneiden und leicht auseinander ziehen. Die Füllung in die Öffnung geben und mit Pfeffer bestreuen. Dazu Krautsalat, grünen oder gemischten Salat reichen.

1

2

Variation

Braten Sie für eine andere köstliche Füllung 250 g Champignons in etwas Butter an. Das Hühnerfleisch, 150 g Naturjoghurt, 1 Esslöffel Tomatenmark und 2 Teelöffel mildes Currypulver zugeben. Gut mischen und die Kartoffeln großzügig damit füllen.

Tipp

Als Alternative zum Frischkäse in diesem Rezept können Sie für die Füllung fettarmen Ricotta oder auch Magerquark verwenden.

SUPPEN, SNACKS & SALATE

SUPPEN, SNACKS & SALATE

Huhn in Haferkruste

Ein fettarmes Geflügelrezept mit einer leichten Senfsauce. Ideal für die Mittagspause oder als leichte Mahlzeit zu einem frischen Salat.

SUPPEN, SNACKS & SALATE

Für 4 Personen

2 EL Haferflocken

1 EL frisch gehackter Rosmarin

Salz und Pfeffer

4 Hühnerviertel, gehäutet

1 Eiweiß, leicht verquirlt

150 g Magerquark oder Naturjoghurt

2 TL körniger Senf

geriebener Möhrensalat, zum Servieren

1

2

3

Variation

Schneiden Sie für Chicken-Nuggets 4 Hähnchenbrustfilets in kleine Stücke. Reduzieren Sie die Garzeit um etwa 10 Minuten und prüfen Sie dann den Garzustand. Die Nuggets eignen sich fürs Picknick, fürs Buffet oder den Kindergeburtstag.

Variation

Geben Sie 1 Esslöffel Sesamsaat oder Sonnenblumenkerne zur Panade. Probieren Sie statt des frischen Rosmarins auch andere Kräuter aus.

1 Die Haferflocken mit Rosmarin, Salz und Pfeffer mischen.

2 Den Backofen auf 200 °C vorheizen. Jedes Hühnerviertel gleichmäßig mit Eiweiß bestreichen, dann in der Panade wenden. Auf ein Backblech legen und etwa 40 Minuten im Ofen backen. Für die Garprobe einen Spieß in das Fleisch stechen – wenn klarer Fleischsaft ohne eine Spur von Rosa austritt, ist es gar.

3 Den Quark in einer Schüssel mit dem Senf verrühren, mit Salz und Pfeffer abschmecken. Die Quarkmischung mit den heißen oder kalten Hühnchen und Möhrensalat servieren.

SUPPEN, SNACKS & SALATE

Scharfe Hühnerleber mit Pak Choi

Für dieses in China sehr beliebte Gericht wird Hühnerleber mit Pak Choi in einer würzigen Sauce gebraten.

SUPPEN, SNACKS & SALATE

Für 4 Personen

350 g Hühnerleber

2 EL Sonnenblumenöl

1 rote Chili, entkernt und fein gehackt

1 TL frisch geriebener Ingwer

2 Knoblauchzehen, zerdrückt

2 EL Tomatenketchup

3 EL Sherry

3 EL Sojasauce

1 TL Speisestärke

450 g Pak Choi

asiatische Eiernudeln, zum Servieren

1

5

4

1 Mit einem scharfen Messer das Fett von der Leber entfernen. Dann die Leber in kleine Stücke schneiden.

2 Das Öl in einem großen Wok erhitzen. Leberstückchen zugeben und unter ständigem Rühren 2–3 Minuten scharf anbraten.

3 Chili, Ingwer und Knoblauch zufügen und ca. 1 Minute weiterrühren.

4 Tomatenketchup, Sherry, Sojasauce und Speisestärke in einer kleinen Schüssel verrühren und beiseite stellen.

5 Pak Choi in den Wok geben und braten, bis die Blätter zusammenfallen.

6 Die Ketchupmischung in den Wok geben und erhitzen, bis die Flüssigkeit zu kochen beginnt.

7 Auf Schalen verteilen und mit den Eiernudeln heiß servieren.

Tipp

Bei trockener, kühler Lagerung ist frischer Ingwer wochenlang haltbar.

Tipp

Frische oder tiefgefrorene Hühnerleber gibt es in fast jedem Supermarkt.

Mediterranes Pan Bagna

Ideal für die Mittagspause im Büro oder auch ein Picknick im Freien ist dieses mediterrane Sandwich, das im Voraus zubereitet werden kann.

Für 6 Personen

1 großes Baguette

1 Knoblauchzehe, halbiert

125 ml Olivenöl

20 g Sardellenfilets aus der Dose

60 g kalter Hähnchenbraten

2 große Tomaten, in Scheiben geschnitten

8 große schwarze Oliven, entsteint und gehackt

Pfeffer

1

5

1 Das Baguette mit einem scharfen Messer längs halbieren.

2 Die Schnittflächen des Brotes mit dem Knoblauch einreiben.

3 Anschließend das Brot mit Olivenöl beträufeln.

4 Die Sardellenfilets abtropfen lassen und beiseite stellen.

5 Den Hähnchenbraten dünn aufschneiden und das Brot damit belegen. Dann die Tomatenscheiben und Sardellen darauf anrichten.

2

6 Das Baguette mit schwarzen Oliven und Pfeffer bestreuen. Die Hälften zuklappen und bis zum Servieren in Folie einschlagen. Vor dem Servieren in breite Stücke schneiden.

Variation

Anstelle von Baguette können Sie auch italienische Ciabatta oder eine Focaccia mit Olivenstücken verwenden. Statt das Brot mit Tomatenscheiben zu belegen, kann man die Hälften auch mit dem Fruchtfleisch einer halben Tomate einreiben und mit Olivenöl besprenkeln.

Tipp

Legen Sie für ein frisches, würziges Aroma frische Basilikumblätter zwischen die Tomatenscheiben. Verwenden Sie für dieses Rezept nur qualitativ hochwertiges Olivenöl.

Toskanische Hühnerleber

Knusperscheiben aus Weißbrot bieten die Italiener gerne als Vorspeise an, ob mit Käse oder wie hier mit delikater Leber.

SUPPEN, SNACKS & SALATE

Für 4 Personen

2 EL Olivenöl

1 Knoblauchzehe, fein gehackt

225 g frische Hühnerleber oder
   Tiefkühlware aufgetaut

2 EL Weißwein

2 EL Zitronensaft

4 frisch gehackte Salbeiblätter oder
   1 TL getrockneter Salbei

Salz und Pfeffer

4 Scheiben Ciabatta

Zitronenspalten, zum Garnieren

1 Das Öl in einer großen Pfanne erhitzen und den Knoblauch darin 1 Minute dünsten.

2 Die Hühnerleber waschen und mit einem scharfen Messer grob zerkleinern.

3 Leber, Wein und Zitronensaft in die Pfanne geben und 3–4 Minuten braten, bis die Leber gar ist.

4 Den Salbei zugeben und die Leber mit Salz und Pfeffer abschmecken.

5 Das Brot unter dem vorgeheizten Backofengrill von jeder Seite 2 Minuten goldbraun rösten.

6 Die heiße Leber auf die Brotscheiben verteilen und mit Zitronenspalten garniert servieren.

3

1

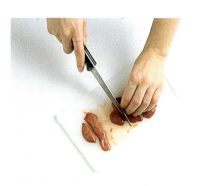
2

Variation

Das Brot können Sie auch in der Pfanne rösten. Dazu Baguette oder Ciabatta in Scheiben schneiden. Olivenöl in einer Pfanne erhitzen und die Brotscheiben darin von beiden Seiten goldbraun und knusprig rösten. Die Crostini mit einem Schaumlöffel aus der Pfanne nehmen und auf Küchenpapier abtropfen lassen. Dann mit der Hühnerleber belegen.

Tipp

Wenn Leber zu lange gegart wird, trocknet sie aus und verliert an Geschmack.

Hühnchen-Rillette

Mit einer Küchenmaschine ist dieser köstliche Brotaufstrich rasch zubereitet. Für eine grobere Textur empfiehlt sich die Zubereitung per Hand.

SUPPEN, SNACKS & SALATE

2

5

Für 4–6 Personen

350 g Hühnerfleisch, geräuchert
 und gehackt

je 1 Prise Muskatnuss und Muskatblüte

125 g weiche Butter

2 EL Portwein

2 EL Crème double

Salz und Pfeffer

geklärte Butter (s. Tipp)

frische Petersilienzweige, zum Garnieren

ZUM SERVIEREN

dunkles Brot

frische Butter

4

Tipp

Für die geklärte Butter: 250 g Butter in einem Topf sanft erhitzen, dabei den sich bildenden Schaum abschöpfen – die Feststoffe sinken zu Boden. Wenn die Butter vollständig zerlassen ist, den Topf vom Herd nehmen und mindestens 4 Minuten ruhen lassen. Die Butter durch ein Musselintuch in eine Schüssel abseihen. Etwas abkühlen lassen, dann auf die Rillette streichen.

Tipp

Diese Rillette hält sich im Kühlschrank bis zu 3 Tage, aber nicht länger, da sie keine Konservierungsstoffe enthält. Sie kann bis zu 1 Monat eingefroren werden.

1 Das Hühnerfleisch mit den übrigen Zutaten in eine große Schüssel geben und mit Salz und Pfeffer abschmecken.

2 Die Mischung sehr glatt stampfen oder im Mixer oder in der Küchenmaschine pürieren.

3 Die Mischung in einzelne Steinguttöpfe oder in eine große Schale geben.

4 Jeden Topf mit gefettetem Backpapier abdecken und mit Konservendosen oder Gewichten beschweren. 4 Stunden im Kühlschrank kalt stellen.

5 Das Papier entfernen und die Rillette mit geklärter Butter bedecken (s. Tipp).

6 Mit Petersilie garnieren und mit Brotscheiben und frischer Butter servieren.

SUPPEN, SNACKS & SALATE

Altenglischer Hühnchensalat

Für diesen einfachen und erfrischenden Sommersalat können Sie Reste von gebratenem oder gegrilltem Hühnerfleisch verwenden. Geben Sie das Dressing erst kurz vor dem Servieren zu, damit der Spinat seinen Biss behält.

Für 4 Personen

250 g junger frischer Spinat

3 Selleriestangen

½ Salatgurke

2 Frühlingszwiebeln

3 EL frisch gehackte Petersilie

350 g Hühnerfleisch, gebraten und in dünne Scheiben geschnitten

DRESSING

2,5-cm-Stück Ingwerwurzel, fein gerieben

3 EL Olivenöl

1 EL Weißweinessig

1 EL flüssiger Honig

½ TL Zimt

Salz und Pfeffer

geröstete Mandeln, zum Garnieren (nach Belieben)

2

4

3

Variation

Als Alternative können Sie den Spinat auch durch Feldsalat ersetzen.

Tipp

Frische junge Spinatblätter passen besonders gut zu Obst – geben Sie einige frische Himbeeren oder Nektarinenspalten für einen noch frischeren Geschmack zu.

1 Die Spinatblätter verlesen, gründlich waschen und mit Küchenpapier trockentupfen.

2 Sellerie, Salatgurke und Frühlingszwiebeln mit einem scharfen Messer in dünne Scheiben schneiden und in einer großen Schüssel mit dem Spinat und der Petersilie vermischen.

3 Auf einzelne Teller verteilen und das Fleisch auf dem Salat anrichten.

4 Alle Zutaten für das Dressing in ein Schraubglas geben, verschließen und kräftig schütteln. Das fertige Dressing über den Salat gießen. Nach Wunsch mit gerösteten Mandeln bestreuen.

SUPPEN, SNACKS & SALATE

Krönungssalat

Dieser klassische Salat eignet sich als Vorspeise oder als Teil eines kalten Buffets. Er harmoniert besonders gut mit einem Mango-Chutney.

SUPPEN, SNACKS & SALATE

Für 6 Personen

4 EL Olivenöl

900 g Hühnerfleisch, gehäutet und gewürfelt

125 g Räucherspeck, gewürfelt

12 Schalotten, in Ringe geschnitten

2 Knoblauchzehen, zerdrückt

1 EL mildes Currypulver

Pfeffer

300 ml Mayonnaise

1 EL flüssiger Honig

1 EL frisch gehackte Petersilie

90 g kernlose grüne Weintrauben, geviertelt, zum Garnieren

kalter Safranreis, zum Servieren

1 Das Öl in einer Pfanne erhitzen. Fleisch, Speck, Schalotten, Knoblauch und Currypulver zugeben und bei schwacher Hitze 15 Minuten braten.

2 Die Mischung in eine saubere Rührschüssel geben.

3 Vollständig abkühlen lassen. Dann mit Pfeffer abschmecken.

4 Die Mayonnaise mit dem Honig verrühren, dann die Petersilie zugeben. Das Fleisch unterheben.

5 Die Mischung in eine tiefe Schüssel geben, mit den Trauben garnieren und zu kaltem Safranreis servieren.

1

4

4

Tipp

Die Mischung eignet sich auch als Füllung für Ofenkartoffeln oder Sandwiches. Das Fleisch wird dann kleiner geschnitten.

Variation

Geben Sie 2 Esslöffel frisch gehackte Aprikosen und 2 Esslöffel Mandelblättchen bei Schritt 4 zur Mischung. Für eine leichtere Variante die Mayonnaise durch die gleiche Menge Naturjoghurt ersetzen und den Honig weglassen, da er die Sauce zu flüssig machen würde.

Waldorfsalat mit Huhn

Dieses farbenfrohe und gesunde Gericht ist eine Variation des klassischen Waldorfsalats. Mit knusprigem Brot serviert ist es ideal für heiße Sommertage.

Für 4 Personen

500 g rote Äpfel, entkernt und gewürfelt
3 EL Zitronensaft
150 ml fettarme Mayonnaise
1 Bund Stangensellerie
4 Schalotten, in Ringe geschnitten
1 Knoblauchzehe, zerdrückt
90 g Walnüsse, gehackt
500 g Hühnerfleisch, gekocht und gewürfelt
1 Kopf Romanasalat, in Blätter zerlegt
Pfeffer
Apfelscheiben, zum Garnieren

Tipp

Der Zitronensaft verhindert, dass die Äpfel braun werden.

Variation

Wenn Sie die Schalotten durch dünne Frühlingszwiebelringe ersetzen, erhält der Salat einen etwas milderen Geschmack.

1

4

2

1. Die Äpfel mit dem Zitronensaft und 1 Esslöffel Mayonnaise in eine Schüssel geben. 40 Minuten ziehen lassen.

2. Den Sellerie mit einem scharfen Messer in dünne Scheiben schneiden.

3. Sellerie, Schalotten, Knoblauch und Walnüsse zu den Äpfeln geben und durchmischen.

4. Die restliche Mayonnaise einrühren und gut vermengen.

5. Das Hühnerfleisch zufügen und sorgfältig unterheben.

6. Eine Salatschüssel oder einen Servierteller mit Salatblättern auslegen. Den Hühnchensalat in die Mitte geben, mit Pfeffer bestreuen und mit den Apfelscheiben garnieren.

SUPPEN, SNACKS & SALATE

SUPPEN, SNACKS & SALATE

Solomongundy

Dieses Rezept ist ideal für eine kalte Platte, als Partysnack oder als Vorspeisenteller für ein Menü der besonderen Art.

Für 4 Personen

1 großer Salatkopf
4 Hähnchenbrustfilets, gekocht und dünn aufgeschnitten
8 Rollmöpse in Marinade
6 hart gekochte Eier, geviertelt
125 g Kochschinken, in Scheiben geschnitten
125 g Roastbeef, in Scheiben geschnitten
125 g Lammbraten, in Scheiben geschnitten
150 g Zuckererbsen, gekocht
125 g kernlose rote Weintrauben
20 gefüllte Oliven, in Scheiben geschnitten
12 Schalotten, gekocht
60 g Mandelblättchen
60 g Sultaninen
2 Orangen
1 frischer Minzezweig
Salz und Pfeffer
knuspriges Brot, zum Servieren

1 Die gewaschenen Salatblätter auf einem großen Teller auslegen.

2 Das Hühnerfleisch in drei Portionen auf dem Teller anrichten.

3 Abgetropfte Rollmöpse (Marinade auffangen), Eier, Schinken, Roastbeef und Lammfleisch ansprechend dazwischen anrichten.

4 Die Zwischenräume im Arrangement mit Zuckererbsen, Trauben, Oliven, Schalotten, Mandeln und Sultaninen dekorativ auffüllen.

5 Die Schale der Orangen abreiben und über dem Teller verstreuen. Die Orangen schälen, filetieren und mit dem Minzezweig auf dem Teller anrichten. Salzen und pfeffern, mit Rollmopsmarinade besprenkeln und mit Brot servieren.

Variation

Reichen Sie dazu kaltes gekochtes Gemüse, z. B. Bohnen, Babymaiskolben und Rote Bete.

2

1   3

SUPPEN, SNACKS & SALATE

Hähnchenbrustfilet mit Birnen-Käse-Salat

In diesem delikaten, warmen Salat harmoniert die Süße der Birnen perfekt mit dem intensiven Geschmack des Blauschimmelkäses.

SUPPEN, SNACKS & SALATE

1

Für 6 Personen

50 ml Olivenöl

6 Schalotten, in Ringe geschnitten

1 Knoblauchzehe, zerdrückt

2 EL frisch gehackter Estragon

1 EL scharfer Senf

Salz und Pfeffer

6 Hähnchenbrustfilets

1 EL Mehl

150 ml Hühnerbrühe

1 Apfel, entkernt und klein gewürfelt

1 EL gehackte Walnüsse

2 EL Crème double

SALAT

250 g Reis, gekocht

2 große Birnen, entkernt und gewürfelt

150 g Blauschimmelkäse, gewürfelt

1 rote Paprika, entkernt und gewürfelt

1 EL frisch gehackter Koriander

1 EL Sesamöl

2

4

1 Öl, Schalotten, Knoblauch, Estragon und Senf in eine große Schüssel geben. Mit Salz und Pfeffer abschmecken und gründlich durchmischen.

2 Das Fleisch gründlich in der Marinade wenden, mit Frischhaltefolie abdecken und etwa 4 Stunden im Kühlschrank marinieren.

3 Die Filets abtropfen lassen und die Marinade aufbewahren. Das Fleisch in einer beschichteten Pfanne 4 Minuten von beiden Seiten anbraten, dann auf einen vorgewärmten Teller geben.

4 Die Marinade in die Pfanne geben, mit dem Mehl vermengen und aufkochen lassen. Brühe, Apfel und Walnüsse zugeben und 5 Minuten sanft köcheln. Das Fleisch wieder in die Sauce geben, die Crème double zugeben und 2 Minuten kochen.

5 Die Salatzutaten vermischen, ein wenig davon auf jeden Teller geben und die Hähnchenbrustfilets mit etwas Sauce darauf anrichten.

79

SCHNELLE GERICHTE

Das Schöne an Hühnerteilen ist, dass sie sehr schnell garen und damit nicht so viel Vorbereitungszeit in Anspruch nehmen. In diesem Kapitel finden Sie leckere und sättigende Gerichte, die Sie schnell zubereiten können. Die ebenfalls schnell gekochten Nudeln sind die perfekten Begleiter – Ihre Gäste werden glauben, dass Sie für die italienischen Hühnchenrouladen Stunden in der Küche zugebracht haben: Hähnchenbrustfilets werden mit einer köstlichen Füllung aus Basilikum, Haselnüssen und Knoblauch gedämpft und auf einem Bett aus Pasta, schwarzen Oliven, Kapern und getrockneten Tomaten serviert.

Kleinere Hühnerteile eignen sich auch ideal zum Pfannenrühren und werden im Wok zart, saftig und köstlich, so wie beispielsweise bei der schnellen Erdnuss-Huhn-Pfanne. Wenn es einmal rasch gehen soll, sind auch Risottos eine hervorragende Alternative. In diesem Kapitel finden Sie zwei Risotto-Rezepte, die Sie nach Herzenslust variieren können.

Schnelle Gerichte

SCHNELLE GERICHTE

Hühnchen-Chop-Suey

Chop-Suey ist eine Sammelbezeichnung für Gerichte mit Bohnensprossen und Sojasauce, angereichert mit Fleisch oder Gemüse. Chop-Suey-Gerichte sind schnell und einfach zuzubereiten.

Für 4 Personen

4 EL helle Sojasauce

2 TL brauner Zucker

500 g Hähnchenbrustfilet

3 EL Pflanzenöl

2 Zwiebeln, geviertelt

2 Knoblauchzehen, zerdrückt

350 g Bohnensprossen

3 TL Sesamöl

1 EL Speisestärke

3 EL Wasser

425 ml Hühnerbrühe

Porreestreifen, zum Garnieren

1 Die Sojasauce und den Zucker verrühren, bis sich der Zucker aufgelöst hat.

2 Das Fleisch vom Fett befreien und in dünne Streifen schneiden. Die Fleischstreifen auf einen flachen Teller legen und die Sojasaucen-Mischung darüber löffeln. Das Fleisch wenden, bis es ganz davon überzogen ist, und 20 Minuten im Kühlschrank marinieren.

3 Das Pflanzenöl in einem vorgewärmten Wok erhitzen und das Fleisch darin 2–3 Minuten goldbraun anbraten.

4 Die Zwiebeln und den Knoblauch zugeben und 2 Minuten braten. Die Bohnensprossen zugeben, 4–5 Minuten braten, dann das Sesamöl zufügen.

5 Die Speisestärke in einer kleinen Schüssel mit dem Wasser glatt rühren. Die Brühe in den Wok gießen, die angerührte Speisestärke zugeben und alles aufkochen. Dabei so lange rühren, bis die Sauce andickt und klar wird. Auf eine vorgewärmte Servierplatte geben, mit den Porreestreifen garnieren und heiß servieren.

Variation

Dieses Rezept können Sie auch mit magerem, in Streifen geschnittenem Rind- oder Schweinefleisch oder mit gemischtem Gemüse zubereiten. Nehmen Sie dazu die entsprechende Brühe.

2

3

4

SCHNELLE GERICHTE

83

SCHNELLE GERICHTE

Huhn mit Kreuzkümmel & Auberginen

Hühnerfleisch, Auberginen und Tomaten sind eine klassische Kombination in der asiatischen Küche, die hier durch Joghurt und frische Minze bereichert wird.

SCHNELLE GERICHTE

5

Für 4 Personen

5 EL Sonnenblumenöl

2 Knoblauchzehen, zerdrückt

1 EL Kreuzkümmelsamen

1 EL mildes Currypulver

1 EL Paprikapulver

450 g Hähnchenbrustfilet

1 große Aubergine, gewürfelt

4 Tomaten, geviertelt

100 ml Hühnerbrühe

1 EL Zitronensaft

½ TL Salz

150 g Naturjoghurt

1 EL frisch gehackte Minze

5 Auberginenwürfel, Tomaten und Hühnerbrühe zufügen und aufkochen lassen. Hitze reduzieren und etwa 20 Minuten köcheln lassen.

6 Zitronensaft, Salz und Joghurt zufügen und bei niedriger Hitze 5 Minuten mitgaren, dabei gelegentlich umrühren.

7 Mit frischer Minze bestreuen und in einzelne Schalen füllen. Sofort servieren.

2

1 2 Esslöffel Öl in einem großen, vorgewärmten Wok erhitzen.

2 Knoblauch, Kreuzkümmelsamen, Curry- und Paprikapulver in den Wok geben und 1 Minute anrösten.

3 Das Fleisch mit einem scharfen Messer in schmale Streifen schneiden.

4 Das restliche Öl in den Wok geben und das Fleisch darin 5 Minuten pfannenrühren.

4

Tipp

Nachdem Sie den Joghurt zugegeben haben, darf die Sauce nicht mehr kochen, da sie sonst gerinnt.

SCHNELLE GERICHTE

Huhn mit grünem Gemüse

Gelbe Bohnenpaste wird aus gelben Sojabohnen hergestellt. Sie ist in asiatischen Lebensmittelläden als glatte Paste oder mit grob gehackten Bohnen erhältlich.

SCHNELLE GERICHTE

Für 4 Personen

2 EL Sonnenblumenöl

450 g Hähnchenbrustfilet

2 Knoblauchzehen, zerdrückt

1 grüne Paprika

100 g Zuckererbsen

6 Frühlingszwiebeln, in Ringe geschnitten

225 g Kohlblätter, in Streifen geschnitten

160 g gelbe Bohnenpaste
   (ersatzweise helles Miso)

50 g Cashewkerne, geröstet

Frühlingszwiebeln, zum Garnieren
   (nach Belieben)

3

4

5

Tipp

Verwenden Sie für dieses Gericht keine gesalzenen Cashewkerne. Sie sind wegen des Salzgehalts der gelben Bohnenpaste nicht zu empfehlen.

1 Das Sonnenblumenöl in einem vorgewärmten Wok erhitzen.

2 Das Fleisch mit einem scharfen Messer in schmale Streifen schneiden.

3 Das Fleisch und den Knoblauch in den Wok geben. 5 Minuten pfannenrühren, bis die Fleischstreifen rundherum kross und goldbraun gebraten sind.

4 Die Paprika entkernen und in schmale Streifen schneiden.

5 Zuckererbsen, Frühlingszwiebeln, Paprikastreifen und Kohlblätter in den Wok geben. 5 Minuten weiterrühren, bis das Gemüse gar, aber noch bissfest ist.

6 Die Bohnenpaste unterrühren und etwa 2 Minuten bis zum Aufkochen mitgaren.

7 Geröstete Cashewkerne darüber streuen.

8 Das fertige Gericht auf vorgewärmten Tellern anrichten und nach Belieben mit zusätzlichen Frühlingszwiebeln garnieren. Sofort servieren.

SCHNELLE GERICHTE

Pfefferhuhn mit Zuckererbsen

Grob zerstoßene, bunte Pfefferkörner, schmale Hühnerfleischstreifen, grüne und rote Paprika bilden die Zutaten dieses farbenfrohen, schmackhaften Gerichts.

Für 4 Personen

2 EL Tomatenketchup

2 EL Sojasauce

450 g Hähnchenbrustfilet

2 EL bunte Pfefferkörner, grob zerstoßen

2 EL Sonnenblumenöl

1 rote Paprika

1 grüne Paprika

175 g Zuckererbsen

2 EL Austernsauce

1

2

Variation

Statt Zuckererbsen können Sie auch palierte Erbsen verwenden.

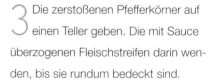

3 Die zerstoßenen Pfefferkörner auf einen Teller geben. Die mit Sauce überzogenen Fleischstreifen darin wenden, bis sie rundum bedeckt sind.

4 Das Sonnenblumenöl in einem vorgewärmten Wok erhitzen.

5 Die Fleischstreifen zugeben und 5 Minuten im Wok braten.

6 Die Paprika entkernen und in Streifen schneiden.

7 Paprika und Zuckererbsen in den Wok geben und 5 Minuten pfannenrühren.

8 Die Austernsauce zugießen und 2 Minuten köcheln lassen. Auf Schalen verteilen und sofort servieren.

1 Tomatenketchup und Sojasauce in einer Schüssel verrühren.

2 Das Fleisch mit einem scharfen Messer in schmale Streifen schneiden und in der Ketchup-Soja-Mischung wenden.

6

SCHNELLE GERICHTE

89

SCHNELLE GERICHTE

Gebratenes Ingwerhuhn

Die Orangen verleihen dem Gericht Farbe und einen erfrischenden Geschmack. Sie passen ausgezeichnet zum Hühnerfleisch.

SCHNELLE GERICHTE

Für 4 Personen

2 EL Sonnenblumenöl

1 Zwiebel, in Ringe geschnitten

175 g Karotten, in feine Stifte geschnitten

1 Knoblauchzehe, zerdrückt

350 g Hähnchenbrustfilet

2 EL frisch geriebener Ingwer

1 TL Ingwerpulver

4 EL süßer Sherry

1 EL Tomatenmark

1 EL Demerara-Zucker

100 ml Orangensaft

1 TL Speisestärke

Salz

1 Orange, geschält und filetiert

frisch gehackter Schnittlauch, zum Garnieren

Tipp

Damit die Orangenspalten nicht zerfallen, werden sie erst am Ende des Kochvorgangs zugegeben.

1

3

2

1 Das Öl in einem großen, vorgewärmten Wok erhitzen. Zwiebel, Karotten und Knoblauch hineingeben und bei starker Hitze unter ständigem Rühren 3 Minuten garen.

2 Das Fleisch mit einem scharfen Messer in schmale Streifen schneiden. Fleisch, frischen Ingwer und Ingwerpulver in den Wok geben. 10 Minuten weiterrühren, bis das Hühnerfleisch innen gar und außen goldbraun ist.

3 Sherry, Tomatenmark, Zucker, Orangensaft und Speisestärke in einer Schüssel vermengen. Die Mischung in den Wok geben, unterrühren und alles erneut erhitzen, bis die Flüssigkeit aufkocht und eindickt.

4 Mit Salz abschmecken, die Orangenspalten zufügen und behutsam unterheben.

5 Das fertige Gericht auf vorgewärmte Servierschalen verteilen, mit Schnittlauch garnieren und sofort servieren.

SCHNELLE GERICHTE

Huhn mit Honig, Soja & Bohnensprossen

Honig wird chinesischen Gerichten häufig zugegeben, um eine süßliche Note zu erzielen. Er harmoniert perfekt mit dem salzigen Geschmack der Sojasauce.

Für 4 Personen

2 EL flüssiger Honig
3 EL helle Sojasauce
1 TL Fünf-Gewürze-Pulver
1 EL süßer Sherry
1 Knoblauchzehe, zerdrückt
8 Hähnchenoberkeulen, entbeint
1 EL Sonnenblumenöl
1 rote Chili
100 g Babymaiskolben, halbiert
8 Frühlingszwiebeln, in Ringe geschnitten
150 g Bohnensprossen

Tipp

Das aromatische Fünf-Gewürze-Pulver ist in asiatischen Lebensmittelläden und in gut sortierten Supermärkten erhältlich.

1. Honig, Sojasauce, Fünf-Gewürze-Pulver, Sherry und Knoblauch in einer Schale verrühren.

2. Die Keulen jeweils dreimal schräg einschneiden. Dann mit der Honig-Soja-Marinade bestreichen oder darin wenden. Das Fleisch abdecken und mindestens 30 Minuten marinieren.

3. Das Öl in einem großen, vorgewärmten Wok erhitzen.

4. Die Hähnchenoberkeulen in den Wok legen, die Hitze erhöhen und das Fleisch 12–15 Minuten knusprig braun braten. Dann mit einem Schaumlöffel aus dem Wok nehmen.

5. Die Chili entkernen und sehr fein hacken.

6. Chili, Mais, Frühlingszwiebeln und Bohnensprossen in den Wok geben und 5 Minuten pfannenrühren.

7. Das Fleisch wieder in den Wok geben, alles gut vermengen und noch einmal erhitzen.

8. Das fertige Gericht auf Teller verteilen und heiß servieren.

1

2

5

SCHNELLE GERICHTE

Huhn mit Cashewkernen & Bohnenpaste

Hühnerfleisch und Cashewkerne scheinen füreinander geschaffen zu sein. Sie harmonieren wunderbar, wie auch in diesem schnellen und köstlichen Gericht.

Für 4 Personen

450 g Hähnchenbrustfilet

2 EL Pflanzenöl

1 rote Zwiebel, in Ringe geschnitten

175 g Pilze (z. B. Champignons),
   in Scheiben geschnitten

100 g Cashewkerne

75 g gelbe Bohnenpaste

frischer Koriander, zum Garnieren

gebratener Eierreis oder gekochter Reis,
   zum Servieren

Tipp

Sie können die Hähnchenbrustfilets ebenso durch Hähnchenschenkel ersetzen.

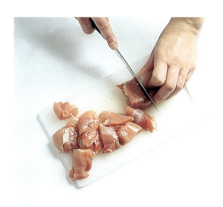

1

3

4

1 Das Hühnerfleisch mit einem scharfen Messer in kleine, mundgerechte Stücke schneiden.

2 Das Öl in einem vorgewärmten Wok erhitzen.

3 Das Fleisch in den Wok geben und 5 Minuten pfannenrühren.

4 Zwiebel und Pilze in den Wok geben und 5 Minuten weiterrühren.

5 Cashewkerne auf ein Backblech geben und bei mittlerer Hitze unter dem Backofengrill goldbraun rösten, damit sie ihr Aroma entfalten können.

6 Geröstete Cashewkerne in den Wok geben, Bohnenpaste zufügen und alles 2–3 Minuten köcheln lassen.

7 Das fertige Gericht auf vorgewärmte Schalen verteilen und mit frischem Koriander garnieren. Dazu Eierreis oder einfachen Reis servieren.

SCHNELLE GERICHTE

Hühnerpfanne mit Kreuzkümmel & Paprika

Kreuzkümmelsamen sind bekannter aus der indischen Küche, sie werden aber auch für chinesische Gerichte verwendet. Statt der Samen können Sie auch gemahlenen Kreuzkümmel verwenden.

Für 4 Personen

450 g Hähnchenbrustfilet
2 EL Sonnenblumenöl
1 Knoblauchzehe, zerdrückt
1 EL Kreuzkümmelsamen oder
    ½ TL gemahlener Kreuzkümmel
1 EL frisch geriebener Ingwer
1 rote Chili, entkernt und
    in Ringe geschnitten
je 1 rote, grüne und gelbe Paprika,
    entkernt und in Streifen geschnitten
100 g Bohnensprossen
350 g Pak Choi oder andere
    grüne Salatblätter
2 EL süße Chilisauce
3 EL helle Sojasauce
Ingwerchips, zum Garnieren (s. Tipp)

1. Das Fleisch mit einem scharfen Messer in schmale Streifen schneiden.

2. Das Öl in einem großen, vorgewärmten Wok erhitzen.

3. Das Fleisch in den Wok geben und 5 Minuten unter Rühren braten.

4. Knoblauch, Kreuzkümmel, Ingwer und Chili zufügen und alles gut unterrühren.

5. Paprikastreifen in den Wok geben und 5 Minuten weiterrühren.

6. Bohnensprossen, Pak Choi, Chili- und Sojasauce zufügen und mitgaren, bis die Pak-Choi-Blätter zusammenfallen.

6

7. Das fertige Gericht auf vorgewärmte Schalen verteilen und mit Ingwerchips garnieren.

4

5

Tipp

So werden Ingwerchips gemacht: Ein dickes Stück Ingwerwurzel schälen und mit einem scharfen Messer in dünne Scheiben schneiden. Öl in einem Wok oder Topf erhitzen. Die Ingwerscheiben vorsichtig für etwa 30 Sekunden ins heiße Öl tauchen. Frittierte Ingwerscheiben mit einem Schaumlöffel herausheben und auf Küchenpapier abtropfen lassen.

SCHNELLE GERICHTE

SCHNELLE GERICHTE

Süß-saures Mangohuhn

Die Mango verleiht diesem Gericht eine süßliche Note und einen herrlichen Duft.

SCHNELLE GERICHTE

Für 4 Personen

1 EL Sonnenblumenöl

6 Hähnchenschenkel, gehäutet und entbeint

1 reife Mango

2 Knoblauchzehen, zerdrückt

225 g Porree, in Ringe geschnitten

100 g Bohnensprossen

150 ml Mangosaft

1 EL Weißweinessig

2 EL flüssiger Honig

2 EL Tomatenketchup

1 TL Speisestärke

Salz

Tipp

Der sämige, süße Mangosaft ist in vielen Supermärkten erhältlich. Ersatzweise können Sie eine reife Mango pürieren, den Saft abseihen und mit Wasser auf die benötigte Menge strecken.

2

4

1 Das Öl in einem großen, vorgewärmten Wok erhitzen.

2 Das Fleisch mit einem scharfen Messer in mundgerechte Würfel schneiden.

3 Die Fleischwürfel in den Wok geben und bei starker Hitze 10 Minuten braten, bis sie innen gar und außen goldbraun sind. Dabei häufig wenden.

4 Die Mango schälen und in Streifen schneiden.

5 Die Mangostücke mit Knoblauch, Porree und Bohnensprossen in den Wok geben und unter Rühren 2–3 Minuten mitgaren.

6 Mangosaft, Weißweinessig, Honig und Ketchup mit der Speisestärke in einem Gefäß vermengen.

7 Die Mangosaft-Honig-Mischung in den Wok gießen und 2 Minuten mitgaren, bis die Flüssigkeit einzudicken beginnt. Mit Salz abschmecken.

8 Das fertige Gericht in einer vorgewärmten Servierschüssel auftragen.

6

Rotes Huhn mit Süßkartoffeln nach Thai-Art

Rote Kirschtomaten und orangefarbene Süßkartoffeln sind die farbenfrohen Ingredienzen für diese Geflügelpfanne nach Thai-Art.

SCHNELLE GERICHTE

Für 4 Personen

1 EL Sonnenblumenöl

450 g Hähnchenbrustfilet

2 Knoblauchzehen, zerdrückt

2 EL rote Currypaste

2 EL frisch geriebener Galgant
  (ersatzweise Ingwer)

1 EL Tamarindenpaste

4 Limettenblätter

225 g Süßkartoffeln

600 ml Kokosmilch

225 g Kirschtomaten, halbiert

3 EL frisch gehackter Koriander

gekochter thailändischer Duftreis
  (Jasminreis), zum Servieren

3

5

4

1 Das Öl in einem großen, vorgewärmten Wok erhitzen.

2 Das Fleisch in schmale Streifen schneiden und 5 Minuten im Wok braten.

3 Knoblauch, Currypaste, Galgant, Tamarindenpaste und Limettenblätter in den Wok geben und 1 Minute rühren.

4 Die Süßkartoffeln schälen und würfeln.

5 Kokosmilch und Süßkartoffeln in den Wok geben, unterrühren und aufkochen. Dann bei mittlerer Hitze 20 Minuten garen, bis die Flüssigkeit eindickt.

6 Kirschtomaten und Koriander zum Curry geben und dieses 5 Minuten unter gelegentlichem Rühren fertig garen. Auf Teller verteilen und heiß servieren. Dazu thailändischen Duftreis (Jasminreis) reichen.

Tipp

Galgant ist dem Ingwer sehr ähnlich, den er in der thailändischen Küche ersetzt. Er ist in asiatischen Lebensmittelläden frisch, getrocknet und als Pulver erhältlich. Frischer Galgant, der nicht ganz so scharf ist wie Ingwer, wird vor dem Zerkleinern geschält.

SCHNELLE GERICHTE

Huhn mit Zitrone & Sesam

Sesamsaat gibt dem Gericht einen nussigen Geschmack und eignet sich hier ideal zum Panieren der Hühnerfleischstreifen.

Für 4 Personen

4 Hähnchenbrustfilets
1 Eiweiß
25 g Sesamsaat
2 EL Pflanzenöl
1 Zwiebel, in Ringe geschnitten
1 EL Demerara-Zucker
fein abgeriebene Schale und
   Saft von 1 Zitrone
3 EL Lemon Curd (s. Tipp)
200 g Wasserkastanien
Zitronenzesten, zum Garnieren

Tipp

Lemon Curd, eine englische Spezialität aus Butter, Zucker, Limettensaft und Eiern, ist bei uns in Feinkostgeschäften erhältlich.

1. Die Hähnchenbrustfilets einzeln mit Frischhaltefolie abdecken und mit einem Nudelholz flach klopfen. Dann in schmale Streifen schneiden.

2. Das Eiweiß zu Schnee schlagen.

3. Die Fleischstreifen in den Eischnee tauchen und danach in Sesamsaat wenden.

1

4. Das Öl in einem großen, vorgewärmten Wok erhitzen.

5. Die Zwiebelringe in den Wok geben und 2 Minuten unter Rühren dünsten.

6. Die Fleischstreifen mit Sesamkruste in den Wok geben und 5 Minuten weiterrühren, bis sie außen gebräunt sind.

7. Zucker, Zitronenschale und -saft sowie Lemon Curd in einem Gefäß verrühren, die Mischung in den Wok gießen und aufkochen lassen.

8. Die Wasserkastanien abtropfen lassen, in dünne Scheiben schneiden und 2 Minuten im Wok mitgaren. Das fertige Gericht in Schalen füllen, mit Zitronenschale garnieren und heiß servieren.

3

8

SCHNELLE GERICHTE

Huhn mit Paprika & Orangen

Hähnchenschenkel sind nicht so zart wie Hähnchenbrust. Zum Braten im Wok sind Hähnchenschenkel jedoch vorzüglich geeignet.

SCHNELLE GERICHTE

2

Für 4 Personen

3 EL Sonnenblumenöl

350 g Hähnchenschenkel, gehäutet, entbeint und in schmale Streifen geschnitten

1 Zwiebel, in Ringe geschnitten

1 Knoblauchzehe, zerdrückt

1 rote Paprika, entkernt und in Streifen geschnitten

75 g Zuckererbsen

4 EL helle Sojasauce

4 EL Sherry

1 EL Tomatenmark

fein abgeriebene Schale und Saft von 1 Orange

1 TL Speisestärke

2 Orangen

100 g Bohnensprossen

gekochte Nudeln oder Reis, zum Servieren

1 Das Sonnenblumenöl in einem großen, vorgewärmten Wok erhitzen.

2 Das Hühnerfleisch in den Wok geben und unter ständigem Rühren 2–3 Minuten von allen Seiten anbraten.

3 Zwiebel, Knoblauch, Paprika und Zuckererbsen in den Wok geben. Die Mischung weitere 5 Minuten rühren, bis das Fleisch innen gar und das Gemüse noch knackig ist.

4 Sojasauce, Sherry, Tomatenmark, Orangenschale und -saft mit der Speisestärke in einem Gefäß verrühren.

5 Die Mischung in den Wok gießen und ständig rühren, bis die Flüssigkeit einzudicken beginnt.

6 Die Orangen schälen und mit einem scharfen Messer filetieren.

7 Orangenspalten und Bohnensprossen in den Wok geben, unterrühren und 2 Minuten miterhitzen.

8 Das fertige Gericht auf vorgewärmte Teller verteilen und mit Nudeln oder Reis heiß servieren.

4

6

Tipp

Bei den in der chinesischen Küche sehr beliebten Bohnensprossen handelt es sich um Mungbohnenkeime. Sie werden nur leicht angegart oder auch roh verzehrt.

SCHNELLE GERICHTE

Hühnergeschnetzeltes mit Mais

Dieses pfannengerührte Gericht ist schnell zubereitet, gesund und fettarm. Die Zutaten werden im Wok oder in einer Pfanne gegart.

SCHNELLE GERICHTE

1

Für 4 Personen

4 Hähnchenbrustfilets
250 g Babymaiskolben
250 g Zuckererbsen
2 EL Sonnenblumenöl
1 EL Sherry-Essig
1 EL Honig
1 EL helle Sojasauce
1 EL Sonnenblumenkerne
Salz und Pfeffer
gekochter Reis oder asiatische Eiernudeln, zum Servieren

3

4

1 Das Fleisch mit einem scharfen Messer in lange, schmale Streifen schneiden. Die Maiskolben längs halbieren. Die Zuckererbsen putzen und das Gemüse beiseite stellen.

2 Das Öl in einem vorgewärmten Wok oder einer großen Pfanne erhitzen. Das Fleisch zugeben und bei starker Hitze 1 Minute pfannenrühren.

3 Mais und Zuckererbsen zufügen und bei mittlerer Hitze 5–8 Minuten unter Rühren garen – das Gemüse sollte noch bissfest und knackig sein.

4 Essig, Honig und Sojasauce in einer kleinen Schüssel verrühren. Mit den Sonnenblumenkernen in den Wok oder die Pfanne einrühren. Mit Salz abschmecken, gut pfeffern und 1 Minute unter Rühren garen. Die Mais-Huhn-Pfanne mit Reis oder Eiernudeln heiß servieren.

Tipp

Statt Sherry-Essig können Sie für dieses Rezept auch Reis-essig oder Balsamico-Essig verwenden.

SCHNELLE GERICHTE

Knoblauchhuhn mit Koriander & Limetten

Knoblauchbutter, verfeinert mit Koriander, verleiht diesem Gericht einen vorzüglichen Geschmack und sorgt dafür, dass das Hühnerfleisch schön saftig bleibt.

Für 4 Personen

4 große Hähnchenbrustfilets
50 g weiche Knoblauchbutter
3 EL frisch gehackter Koriander
1 EL Sonnenblumenöl
fein abgeriebene Schale und Saft
   von 2 Limetten
25 g Demerara-Zucker
Salz
Koriander, zum Garnieren (nach Belieben)
gekochter Reis, zum Servieren

1 Die Hähnchenbrustfilets einzeln in Frischhaltefolie wickeln und mit einem Nudelholz flach klopfen (ca. 1 cm dick).

2 Die Knoblauchbutter in einer kleinen Schüssel mit Koriander verrühren. Die Fleischscheiben damit bestreichen, dann aufrollen und mit Zahnstochern zusammenhalten.

3

2

3 Das Öl in einem Wok erhitzen. Die Fleischröllchen einlegen und 15–20 Minuten unter häufigem Wenden garen.

4 Die Fleischröllchen aus dem Wok nehmen, auf ein Küchenbrett legen und in Scheiben schneiden.

5 Limettenschale, -saft und Zucker in den Wok geben, mit Salz abschmecken und bei niedriger Hitze rühren, um den Zucker aufzulösen. Dann die Hitze erhöhen und 2 Minuten köcheln lassen.

6 Die Fleischscheiben auf vorgewärmten Tellern anrichten und den Pfannensud darüber verteilen.

7 Nach Belieben mit Koriander garnieren und mit Reis servieren.

Tipp

Prüfen Sie, ob das Hühnerfleisch gar ist, bevor Sie es aufschneiden und servieren. Die Gartemperatur sollte niedrig sein, damit das Fleisch außen nicht anbrennt, während es innen noch roh ist.

2

SCHNELLE GERICHTE

SCHNELLE GERICHTE

Schnelle Erdnuss-Huhn-Pfanne

Ein Rezept für ganz Eilige, das innerhalb von zehn Minuten zubereitet ist. Die asiatischen Eiernudeln sind hierzu perfekt, da sie schon nach drei bis vier Minuten servierfertig sind.

SCHNELLE GERICHTE

Für 4 Personen

300 g Zucchini

300 g kleine Champignons

250 g Babymaiskolben

250 g dünne asiatische Eiernudeln

Salz und Pfeffer

2 EL Maiskeimöl

1 EL Sesamöl

8 Hähnchenschenkel, gehäutet und entbeint, oder 4 Hähnchenbrustfilets, in Streifen geschnitten

350 g Bohnensprossen

4 EL glatte Erdnussbutter

2 EL Sojasauce

2 EL Limetten- oder Zitronensaft

60 g Erdnüsse, geröstet

1 frischer Korianderzweig, zum Garnieren

1

3

4

1 Mit einem scharfen Messer Zucchini und Champignons in Scheiben und den Mais in mundgerechte Stücke schneiden.

2 Die Nudeln in leicht gesalzenem Wasser 3–4 Minuten kochen. Inzwischen Maiskeimöl und Sesamöl in einem großen Wok oder einer Pfanne erhitzen und das Hühnerfleisch bei starker Hitze 1 Minute anbraten.

3 Zucchini, Mais und Champignons zugeben und 5 Minuten unter Rühren anbraten.

4 Bohnensprossen, Erdnussbutter, Sojasauce, Limetten- oder Zitronensaft in den Wok geben und 2 Minuten mitbraten. Mit Pfeffer abschmecken.

5 Die Nudeln abtropfen lassen und auf eine Servierplatte geben. Die gerösteten Erdnüsse darüber streuen und mit der Hähnchen-Gemüse-Mischung anrichten. Mit frischem Koriander garnieren und heiß servieren.

Tipp

Sie können dieses schmackhafte Pfannengericht auch mit breiten asiatischen Bandnudeln aus Reismehl servieren.

Hühnchencurry mit Okra & Kokosnuss

Okra, ein fingerförmiges grünes Gemüse, ist leicht bitter im Geschmack. Ananas und Kokosnuss sorgen für farblichen und geschmacklichen Ausgleich.

SCHNELLE GERICHTE

Für 4 Personen

2 EL Sonnenblumenöl

450 g Hähnchenschenkel, gehäutet und entbeint, oder Hähnchenbrustfilet

150 g Okra

1 große Zwiebel, in Ringe geschnitten

2 Knoblauchzehen, zerdrückt

3 EL milde Currypaste

300 ml Hühnerbrühe

1 EL Limettensaft

100 g Kokoscreme, grob geraspelt

175 g Ananas, gewürfelt

150 g Naturjoghurt

2 EL frisch gehackter Koriander

gekochter Reis, zum Servieren

GARNIERUNG

Zitronenspalten

frische Korianderzweige

Tipp

Okraschoten enthalten eine gallertartige, leicht bittere Substanz, die Sie beseitigen können, indem Sie die Okra am oberen Ende einkerben oder einschneiden.

1 Das Öl in einem großen, vorgewärmten Wok erhitzen.

2 Das Fleisch mit einem scharfen Messer in mundgerechte Stücke schneiden. Die Fleischstücke in den Wok geben und unter Rühren anbraten, bis sie rundum gut gebräunt sind.

3 Die Stielansätze der Okraschoten mit einem scharfen Messer abschneiden.

4 Zwiebel, Knoblauch und Okraschoten in den Wok geben und unter stetigem Rühren 2–3 Minuten anbraten.

5 Die Currypaste mit der Hühnerbrühe und dem Limettensaft verrühren. Die Mischung in den Wok gießen, aufkochen und abgedeckt 30 Minuten köcheln.

6 Die geraspelte Kokoscreme in das Curry einrühren und etwa 5 Minuten garen. Durch die Kokoscreme kann die Flüssigkeit eindicken.

7 Ananas, Joghurt und Koriander zugeben und weitere 2 Minuten unter Rühren mitgaren.

8 Das Curry mit Zitronenspalten und Koriander garnieren und mit Reis heiß servieren.

2

3

5

SCHNELLE GERICHTE

Hähnchenkeulen mit Chili & Basilikum

Die Hähnchenkeulen werden in einer köstlichen Sauce zubereitet und mit frittiertem Basilikum farblich und geschmacklich abgerundet.

SCHNELLE GERICHTE

Für 4 Personen

8 Hähnchenunterkeulen

2 EL Sojasauce

1 EL Sonnenblumenöl

1 rote Chili

100 g Karotten, in feine Stifte geschnitten

6 Selleriestangen, in feine Stifte geschnitten

3 EL süße Chilisauce

Öl, zum Frittieren

50 frische Basilikumblätter

1 Nach Belieben die Haut von den Hähnchenunterkeulen abziehen. Dann jede Keule an drei Stellen einschneiden und mit der Sojasauce bestreichen.

2 Das Sonnenblumenöl in einem vorgewärmten Wok erhitzen und die Keulen 20 Minuten unter häufigem Wenden braten, bis das Fleisch gar ist.

3 Die Chili entkernen und sehr fein schneiden. Dann mit den Karotten und dem Stangensellerie in den Wok geben und 5 Minuten andünsten. Die Chilisauce einrühren, abdecken und köcheln lassen.

4 Etwas Öl in einer großen Pfanne erhitzen und die Basilikumblätter behutsam hineingeben. Am besten die Hand mit einem Küchentuch schützen und etwas zurücktreten, weil das Öl spritzen kann. Die Basilikumblätter etwa 30 Sekunden frittieren, bis sie anfangen, sich zu kräuseln. Sie dürfen nicht braun werden. Die Blätter anschließend auf Küchenpapier abtropfen lassen.

5 Die Hähnchenunterkeulen, das Gemüse und die Sauce aus dem Wok auf einen vorgewärmten Servierteller geben, mit den frittierten Basilikumblättern garnieren und sofort servieren.

1

3

1

Tipp

Basilikum hat einen intensiven Geschmack und passt ideal zu Hühnerfleisch und chinesischen Gewürzen. Statt Basilikum können Sie nach Belieben auch junge Spinatblätter verwenden.

SCHNELLE GERICHTE

Herzhafte Hühnchenkroketten

Serviert mit einer cremigen Tomatensauce und etwas knusprigem Brot oder Röstkartoffeln sind diese Hühnchensnacks eine köstliche leichte Mahlzeit.

Für 4–6 Personen

175 g frische Semmelbrösel
250 g Hühnerfleisch, gekocht und fein gehackt
1 kleine Porreestange, fein gehackt
je 1 Prise gemischte Kräuter und Senfpulver
Salz und Pfeffer
2 Eier, 1 davon getrennt
4 EL Milch
grobe Semmelbrösel, zum Panieren
25 g Bratfett
frische Petersilienzweige, zum Garnieren

ZUM SERVIEREN
frische Tomaten, halbiert
Röstkartoffeln

1 Die Semmelbrösel in einer großen, sauberen Schüssel mit Hühnerfleisch, Porree, Kräutern und Senfpulver verrühren und mit Salz und Pfeffer würzen. Gründlich vermischen.

2 1 ganzes Ei und 1 Eigelb mit Milch zum Binden zur Mischung geben.

3 Die Mischung in 6 oder 8 Portionen aufteilen und nach Belieben zu dicken oder dünnen Kroketten formen.

4 Das restliche Eiweiß schaumig schlagen. Die Kroketten zunächst im Eiweiß und dann in den groben Semmelbröseln wälzen.

5 Das Fett erhitzen und die Kroketten 6 Minuten rundum goldbraun braten. Mit Petersilie garnieren und mit Tomaten und Röstkartoffeln servieren.

2

3

1

Tipp

Sie können Hühnerhack herstellen, indem Sie mageres Hühnerfleisch in einem Mixer oder einer Küchenmaschine zerkleinern.

Variation

Bei Vollwerternährung können Sie zum Braten statt des Bratfetts auch Öl verwenden, da es weniger gesättigte Fettsäuren enthält.

Gefüllte Hähnchenbrust mit Ricotta & Spinat

Dieses mit Ricotta, Spinat und Knoblauch gefüllte und in Tomatensauce geschmorte Huhn ist einfach ein Gedicht und gut im Voraus zuzubereiten.

SCHNELLE GERICHTE

Für 4 Personen

4 Hähnchenbrüste mit Haut
125 g Blattspinat, Tiefkühlware aufgetaut
150 g Ricotta
2 Knoblauchzehen, zerdrückt
Salz und Pfeffer
1 EL Olivenöl
1 Zwiebel, gehackt
1 rote Paprika, entkernt und
  in Ringe geschnitten
400 g gewürfelte Tomaten aus der Dose
6 EL Weißwein oder Hühnerbrühe
10 gefüllte Oliven, in Scheiben geschnitten
gekochte Nudeln, zum Servieren

1 Die Haut jeweils auf einer Seite jeder Hähnchenbrust mit einem Messer ablösen und anheben, sodass eine Tasche entsteht.

2 Den Spinat in ein Sieb geben und mit einem Löffel das Wasser herausdrücken. Mit Ricotta und der Hälfte des Knoblauchs mischen. Mit Salz und Pfeffer würzen.

3 Die Spinatmischung unter die Haut der Hähnchenbrust schieben und die Taschen mit Zahnstochern verschließen.

4 Das Öl in einer Pfanne erhitzen und die Zwiebel darin 1 Minute anbraten. Den restlichen Knoblauch und die Paprika zugeben und 2 Minuten anbraten. Tomaten, Wein oder Brühe und Oliven einrühren. Abschmecken. Die Sauce beiseite stellen und das Fleisch kalt stellen, wenn es nicht sofort serviert werden soll.

5 Die Sauce zum Kochen bringen, in eine flache feuerfeste Form geben und die Hähnchenbrüste in einer Lage darauf legen.

6 Den Backofen auf 200 °C vorheizen. Die Hähnchenbrüste 35 Minuten unabgedeckt goldbraun garen. Sie sind gar, wenn beim Einstechen mit einem Spieß der Bratensaft klar und nicht mehr rosa austritt. Die Hähnchenbrüste mit ein wenig Sauce übergießen, auf vorgewärmten Tellern anrichten und mit Nudeln servieren.

3

5

1

SCHNELLE GERICHTE

Toms Hühnchenpastete

Für dieses originelle Rezept werden Hühnerfleisch und Mettwurst in einem Eierkuchenteig gebacken und wie ein Blechkuchen in kleine Stücke geschnitten.

SCHNELLE GERICHTE

2

Für 4–6 Personen

125 g Mehl

1 Prise Salz

1 Ei, verquirlt

200 ml Milch

75 ml Wasser

2 EL Bratfett

250 g Hähnchenbrustfilet

250 g pikante Mettwurst

Hühner- oder Zwiebelsauce, zum Servieren
   (nach Belieben)

1 Mehl und Salz in einer Schüssel mischen, eine Mulde in der Mitte formen und das Ei hineingeben.

2 Mit einem Holzlöffel die Hälfte der Milch nach und nach mit dem Mehl verrühren.

3 Die Mischung glatt rühren, dann die restliche Milch und Wasser zugießen.

Variation

Sie können auch gehäutete und entbeinte Hähnchenschenkel statt der Hähnchenbrustfilets verwenden und aufschneiden. Nehmen Sie statt der Mettwurst eine andere Wurst nach Wunsch.

3

5

4 Die Mischung glatt rühren und mindestens 1 Stunde beiseite stellen.

5 Das Bratfett auf mehrere kleine Pastetenformen verteilen oder in einen Bräter geben. Fleisch und Wurst großzügig aufschneiden und auf die Formen verteilen oder in den Bräter legen.

6 Den Backofen auf 220 °C vorheizen. Die Formen 5 Minuten im Backofen erhitzen. Anschließend aus dem Ofen nehmen und so hoch mit dem Teig füllen, dass dieser sich noch ausdehnen kann.

7 Die Formen wieder in den Ofen geben und 35 Minuten backen, bis der Teig goldbraun und aufgegangen ist. Die Ofentür während des Backens geschlossen halten.

8 Heiß servieren. Dazu nach Belieben Hühner- oder Zwiebelsauce reichen.

SCHNELLE GERICHTE

Hähnchenstreifen mit zweierlei Dips

Rasch zubereitet und als Fingerfood geradezu ideal, kann dieses Gericht sowohl warm als Snack wie auch kalt als Teil eines kalten Buffets serviert werden.

Für 2 Personen

2 Hähnchenbrustfilets
1 EL Mehl
1 EL Sonnenblumenöl
verschiedenes Gemüse, in Streifen geschnitten, zum Servieren

ERDNUSSDIP
3 EL Erdnussbutter
4 EL Naturjoghurt
1 TL abgeriebene Orangenschale
Orangensaft (nach Belieben)

TOMATENDIP
1 Tomate
5 EL Ricotta oder anderer Frischkäse
2 TL Tomatenmark
1 TL frisch gehackter Schnittlauch
¼ TL Salz

1 Das Hühnerfleisch mit einem scharfen Messer in schmale Streifen schneiden und im Mehl wenden.

2 Das Öl in einer beschichteten Pfanne erhitzen und die Hähnchenstreifen rundum goldgelb braten. Aus der Pfanne nehmen und auf Küchenpapier abtropfen.

3 Für den Erdnussdip alle Zutaten in einer Schüssel mischen. Ist er zu dickflüssig, nach Geschmack etwas Orangensaft zugeben.

4 Für den Tomatendip die Tomate hacken und mit den übrigen Zutaten verrühren.

5 Die Hähnchenstreifen mit den Dips und frischen Gemüsestreifen zum Dippen servieren.

Tipp

Für eine leichtere Alternative pochieren Sie die Hähnchenstreifen 6–8 Minuten in ein wenig kochender Hühnerbrühe.

Variation

Eine erfrischende Guacamole:
1 zerdrückte Avocado,
2 fein gehackte Frühlingszwiebeln,
1 gehackte Tomate,
1 zerdrückte Knoblauchzehe und
1 Spritzer Zitronensaft miteinander verrühren. Geben Sie den Zitronensaft möglichst früh zur Avocado, damit sie sich nicht verfärbt.

1   2   4

SCHNELLE GERICHTE

123

SCHNELLE GERICHTE

Hühnchen-Risotto alla milanese

Für den Risotto alla milanese ist der Safran typisch. Das Gewürz mit dem scharf-bitteren Geschmack hat eine wunderschön leuchtende, gelbe Farbe.

SCHNELLE GERICHTE

Für 4 Personen

125 g Butter

900 g Hühnerfleisch, in dünne Streifen geschnitten

1 große Zwiebel, gehackt

500 g Arborio-Reis

600 ml Hühnerbrühe

150 ml Weißwein

1 TL zerriebene Safranfäden

Salz und Pfeffer

60 g frisch geriebener Parmesan, zum Servieren

1

2

3

1 Die Hälfte der Butter in einer großen Pfanne zerlassen und Fleisch und Zwiebel goldbraun anbraten.

2 Den Reis gründlich einrühren und 15 Minuten garen.

3 Die Brühe aufkochen und nach und nach zum Reis geben. Weißwein, Safran, Salz und Pfeffer nach Geschmack zugeben und gut durchrühren. Unter gelegentlichem Rühren 20 Minuten bei schwacher Hitze köcheln und mehr Brühe zugießen, wenn der Risotto zu trocken wird.

4 Einige Minuten ziehen lassen. Unmittelbar vor dem Servieren ein wenig Brühe zugießen und weitere 10 Minuten köcheln. Den Risotto mit Parmesan bestreuen, mit Butterflocken besetzen und servieren.

Tipp

Ein Risotto sollte aus feuchten Körnern bestehen. Man sollte Brühe nur in geringen Mengen und nur dann zugießen, wenn die letzte Zugabe vollkommen aufgenommen ist.

Variation

Die Variationen für Risotto-Gerichte sind schier endlos – kurz vor Ende der Kochzeit können Sie z. B. folgende Zutaten zufügen: Cashewkerne und Mais, leicht angebratene Zucchini und Basilikum oder Artischocken und Austernpilze.

SCHNELLE GERICHTE

Cottage Pie vom Huhn

Diese Variation des klassischen britischen Cottage Pie ist herrlich reichhaltig und herzhaft. Gemüse und Kräuter können Sie nach Belieben variieren.

Für 4 Personen

- 500 g Hühnerfleisch, gehackt
- 1 große Zwiebel, fein gehackt
- 2 Karotten, klein gewürfelt
- 2 EL Mehl
- 1 EL Tomatenmark
- 300 ml Hühnerbrühe
- Salz und Pfeffer
- 1 Prise frisch gehackter Thymian
- 900 g gekochte Kartoffeln, mit Butter und Milch sämig püriert und kräftig abgeschmeckt
- 90 g geriebener halbfester Schnittkäse
- Erbsen, zum Servieren

3

4

Variation

Statt des halbfesten Käses können Sie auch einen gewürzten Käse über den Auflauf streuen. Es gibt eine Reihe von Käsesorten mit Zwiebeln und Schnittlauch, die sich hervorragend zum Überbacken eignen. Alternativ können Sie auch die Käsesorten, die Sie gerade zur Hand haben, mischen.

1 Fleisch, Zwiebel und Karotten unter ständigem Rühren 5 Minuten in einer beschichteten Pfanne bräunen.

2 Das Fleisch mit dem Mehl bestäuben und weitere 2 Minuten köcheln.

3 Nach und nach Tomatenmark und Brühe einrühren und 15 Minuten köcheln. Mit Salz und Pfeffer abschmecken und den Thymian einrühren.

4 Die Mischung in eine feuerfeste Form geben und abkühlen lassen.

5 Den Backofen auf 200 °C vorheizen. Das Kartoffelpüree über die Mischung geben und mit dem Käse bestreuen. 20 Minuten im Backofen backen, bis der Käse goldgelb ist. Mit Erbsen servieren.

5

SCHNELLE GERICHTE

Mediterrane Huhn-Gemüse-Pakete

In Alufolie gegartes Hühnerfleisch ist schmackhaft und saftig. Außerdem benötigt man bei der Zubereitung weniger Fett, da Fleisch und Gemüse in ihrem eigenen Saft schmoren.

SCHNELLE GERICHTE

Für 6 Personen

1 EL Olivenöl

6 Hähnchenbrustfilets

250 g Mozzarella, in Scheiben geschnitten

500 g Zucchini, in Scheiben geschnitten

6 große Tomaten, in Scheiben geschnitten

Salz und Pfeffer

1 kleines Bund frisches Basilikum oder Oregano

gekochter Reis oder Nudeln, zum Servieren

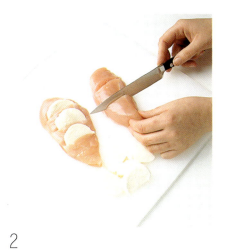

2

3

4

1 Sechs Quadrate aus Alufolie mit einer Seitenlänge von 25 cm zuschneiden, dünn mit Öl bestreichen und beiseite legen.

2 Jedes Hähnchenbrustfilet mit einem scharfen Messer mehrfach quer einschneiden, dann die Mozzarellascheiben in die Einschnitte stecken.

3 Zucchini- und Tomatenscheiben auf die Folienquadrate verteilen und mit Salz und Pfeffer würzen. Gezupfte oder gehackte Basilikumblätter oder Oregano über das Gemüse streuen.

4 Die Hähnchenbrustfilets auf dem Gemüse anrichten und die Folien zu Paketen verschließen.

5 Den Backofen auf 200 °C vorheizen. Die Pakete auf ein Backblech legen und etwa 30 Minuten im Ofen backen.

6 Die Folienpakete zum Servieren öffnen. Dazu Reis oder Nudeln reichen.

Tipp

Legen Sie das Gemüse und das Hühnerfleisch zum leichteren Garen auf die glänzende Seite der Alufolie, sodass die matte Seite nach dem Verschließen nach außen weist. Dadurch wird die Hitze vom Paket aufgenommen und nicht wieder abgestrahlt.

SCHNELLE GERICHTE

Goldener Hühnchen-Risotto

Sie können dieses Gericht auch mit Langkornreis anstelle von Arborio-Reis zubereiten, dann allerdings wird die cremige Konsistenz fehlen, die für italienische Risottos so typisch ist.

SCHNELLE GERICHTE

Für 4 Personen

2 EL Sonnenblumenöl

15 g Butter oder Margarine

1 Porreestange, in dünne Ringe geschnitten

1 große gelbe Paprika, gewürfelt

3 Hähnchenbrustfilets, gewürfelt

350 g Arborio-Reis

einige Safranfäden

Salz und Pfeffer

1,5 l Hühnerbrühe

200 g Mais aus der Dose, abgetropft

60 g Erdnüsse, geröstet und ungesalzen

60 g frisch geriebener Parmesan

1

2

1 Öl und Butter oder Margarine in einem großen Topf erhitzen. Porree und Paprika 1 Minute anbraten, das Hühnerfleisch zugeben und unter Rühren goldbraun anbraten.

2 Den Reis einrühren und 2–3 Minuten braten.

3 Die Safranfäden einrühren und mit Salz und Pfeffer abschmecken. Die Brühe nach und nach zugießen, abdecken und unter gelegentlichem Rühren etwa 20 Minuten bei schwacher Hitze kochen, bis der Reis gar ist und die meiste Flüssigkeit aufgenommen hat. Den Risotto nicht trocken werden lassen, bei Bedarf mehr Brühe zugießen.

4 Mais, Erdnüsse und Parmesan einrühren und noch einmal mit Salz und Pfeffer abschmecken. Heiß servieren.

4

Tipp

Risottos können ohne den Parmesan bis zu 1 Monat tiefgefroren werden, müssen aber wegen des Hühnerfleisches gründlich erhitzt werden.

SCHNELLE GERICHTE

Hähnchenbrustfilet Elisabeth

Hühnerfleisch lässt sich wunderbar mit saftigen Früchten wie Weintrauben oder Stachelbeeren kombinieren.

Für 4 Personen

15 g Butter
1 EL Sonnenblumenöl
4 Hähnchenbrustfilets
4 Schalotten, fein gehackt
150 ml Hühnerbrühe
1 EL Apfelessig
180 g kernlose grüne Weintrauben, halbiert
120 g Schlagsahne
1 TL frisch geriebene Muskatnuss
Salz und Pfeffer
Speisestärke, zum Andicken (nach Belieben)

Variation

Sie können in Schritt 3 etwas trockenen Weißwein oder Wermut in die Sauce geben.

1 Butter und Öl in einer großen Pfanne oder einem Topf erhitzen und die Hähnchenbrustfilets unter einmaligem Wenden schnell goldbraun anbraten. Aus der Pfanne nehmen und warm stellen.

2 Die Schalotten in die Pfanne oder den Topf geben und anbraten, bis sie leicht bräunen. Das Fleisch wieder zugeben.

3 Brühe und Essig zugießen, aufkochen, dann abdecken und unter gelegentlichem Rühren 10–20 Minuten sanft köcheln.

1

3

4

4 Die Hähnchenbrustfilets auf einem Servierteller anrichten. Trauben, Sahne und Muskat in die Pfanne geben, erhitzen und mit Salz und Pfeffer abschmecken. Nach Geschmack etwas Speisestärke einrühren, um die Sauce anzudicken. Die Sauce über das Fleisch geben und servieren.

SCHNELLE GERICHTE

133

SCHNELLE GERICHTE

Hähnchenbrustfilet flambiert

Das Überraschende an diesem Rezept ist die ungewöhnliche Kombination aus Hähnchenbrustfilet, Kaffeelikör und Weinbrand.

SCHNELLE GERICHTE

Für 4 Personen

4 Hähnchenbrustfilets (je ca. 150 g)

4 EL Maisöl

8 Schalotten, in Streifen geschnitten

abgeriebene Schale und Saft von 1 Zitrone

2 TL Worcestersauce

4 EL Hühnerbrühe

1 EL frisch gehackte Petersilie

3 EL Kaffeelikör

3 EL Weinbrand, erwärmt

1

2

3

1 Die Hähnchenbrustfilets auf einem Schneidebrett einzeln mit Frischhaltefolie abdecken und mit einem Fleischklopfer oder Nudelholz flach klopfen.

2 Das Öl in einer großen Pfanne erhitzen und das Fleisch jeweils 3 Minuten von jeder Seite anbraten. Die Schalotten zugeben und weitere 3 Minuten braten.

3 Zitronenschale und -saft, Worcestersauce und Hühnerbrühe zugeben und einrühren. 2 Minuten kochen, dann mit der gehackten Petersilie bestreuen.

4 Mit Kaffeelikör und Weinbrand übergießen und flambieren, dazu den Alkohol mit einem langen Streichholz entzünden. Servieren, sobald die Flammen erloschen sind.

Tipp

Sie können auch Suprêmes verwenden. Dies sind abgelöste, von der Haut befreite Hähnchenbrustfilets mit Flügelknochen.

Golden glasierte Hähnchenbrust

Eine süßlich-fruchtige Glasur bedeckt in diesem Rezept die Hähnchenbrust.
Der mit Minze aromatisierte Reis vervollständigt das Gericht.

Für 6 Personen

6 Hähnchenbrustfilets

1 TL gemahlene Kurkuma

1 EL körniger Senf

300 ml Orangensaft

2 EL flüssiger Honig

2 EL Sonnenblumenöl

Salz und Pfeffer

350 g Langkornreis

1 Orange

3 EL frisch gehackte Minze

frische Minzezweige, zum Garnieren

1

2

1 Die Oberseite der Hähnchenbrustfilets mit einem scharfen Messer kreuzförmig einschneiden. Kurkuma, Senf, Orangensaft und Honig verrühren und über das Fleisch geben. Bis zur Verwendung kalt stellen.

2 Das Fleisch aus der Marinade nehmen und mit Küchenpapier trockentupfen.

3 Das Öl in einem großen Topf erhitzen und das Fleisch unter einmaligem Wenden goldbraun anbraten. Salzen, mit der Marinade übergießen, abdecken und 10–15 Minuten köcheln.

5

4 Den Reis in leicht gesalzenem Wasser gar kochen. Die Orangenschale dünn abreiben und mit der Minze unter den Reis mischen. Mit Salz und Pfeffer abschmecken.

5 Restliche Schale und weiße Haut mit einem scharfen Messer von der Orange abziehen und die Orange filetieren.

6 Das Hühnerfleisch mit Orangenfilets und Minze garnieren und mit dem Reis servieren.

Variation

Verwenden Sie für eine etwas pikantere Sauce eine kleine Grapefruit anstelle der Orange.

SCHNELLE GERICHTE

Bunte Hühnchenpfanne

Dieses farbenfrohe und einfache Gericht macht der ganzen Familie Appetit. Kinder werden die bunten Paprikawürfel lieben.

Für 4 Personen

10 Hähnchenschenkel, gehäutet und entbeint
je 1 gelbe, rote und grüne Paprika
1 EL Sonnenblumenöl
1 Zwiebel, in dünne Ringe geschnitten
400 g gewürfelte Tomaten aus der Dose
2 EL frisch gehackte Petersilie
Salz und Pfeffer

ZUM SERVIEREN
Vollkornbrot
grüner Salat

Tipp

Statt der frischen können Sie auch getrocknete Petersilie verwenden, Sie brauchen dann aber nur etwa die halbe Menge.

Tipp

Wenn Sie dieses Gericht für kleine Kinder zubereiten, können Sie das Fleisch auch fein hacken oder durch den Fleischwolf drehen.

1 Die Hähnchenschenkel mit einem scharfen Messer in mundgerechte Stücke schneiden.

2 Die Paprika halbieren, entkernen und in kleine Rauten schneiden.

4

1

3 Das Öl in einer großen Pfanne erhitzen. Fleisch und Zwiebel darin goldbraun anbraten.

4 Die Paprika zugeben, 2–3 Minuten dünsten, dann Tomaten und Petersilie einrühren und mit Salz und Pfeffer abschmecken.

5 Abdecken und etwa 15 Minuten köcheln lassen, bis Fleisch und Gemüse gar sind. Heiß servieren und dazu Vollkornbrot und grünen Salat reichen.

2

Italienische Hühnchenrouladen

Beim Dämpfen kann man auf den Zusatz von Fett fast vollkommen verzichten und lässt das Gargut einfach in Alufolie verpackt über Wasserdampf im eigenen Saft gar ziehen.

SCHNELLE GERICHTE

Für 4 Personen

4 Hähnchenbrustfilets
25 g frische Basilikumblätter
15 g Haselnüsse
1 Knoblauchzehe, zerdrückt
Salz und Pfeffer
250 g Vollkorn-Spiralnudeln
2 getrocknete oder frische Tomaten
1 EL Zitronensaft
1 EL Olivenöl
1 EL Kapern
60 g schwarze Oliven

1 Die Hähnchenbrustfilets mit einem Nudelholz gleichmäßig plattieren.

2 Basilikum und Haselnüsse im Mixer fein hacken und mit Knoblauch, Salz und Pfeffer mischen.

3 Die Hähnchenbrustfilets mit der Mischung bestreichen und von einer Spitze her einrollen. Die Rouladen fest in Alufolie einschlagen, sodass sie ihre Form behalten, und die Enden zudrehen.

4 Einen großen Topf mit leicht gesalzenem Wasser zum Kochen bringen und die Nudeln bissfest garen.

5 Die Rouladenpakete in einen Dämpfeinsatz oder ein Sieb über kochendem Wasser legen, abdecken und 10 Minuten dämpfen. Unterdessen die Tomaten würfeln.

6 Die Nudeln abgießen und mit Zitronensaft, Olivenöl, Tomaten, Kapern und Oliven wieder in den Topf geben und erhitzen.

7 Das Fleisch mit einem Spieß oder Zahnstocher einstechen. Wenn klarer Saft austritt, die Rouladen in Scheiben schneiden, auf den Nudeln anrichten und servieren.

Tipp

Getrocknete Tomaten haben ein volles Aroma, aber Sie können auch frische Tomaten verwenden.

2

3

6

SCHNELLE GERICHTE

Teufelshuhn

Dieses leicht pikante Hühnchengericht wird mit Cayennepfeffer und Paprikapulver gewürzt und in einer fruchtigen Sauce serviert.

Für 2–3 Personen

25 g Mehl
1 TL Cayennepfeffer
1 TL Paprikapulver
350 g Hühnerfleisch, gehäutet, entbeint und gewürfelt
25 g Butter
1 Zwiebel, fein gehackt
450 ml Milch, erwärmt
Salz
4 EL Apfelmus
125 g grüne Weintrauben
150 g saure Sahne
Paprikapulver, zum Garnieren

1 Mehl, Cayennepfeffer und Paprikapulver mischen und das Hühnerfleisch darin wenden.

2 Überschüssiges Mehl abschütteln. Die Butter in einem Topf zerlassen und das Fleisch mit der Zwiebel 4 Minuten sanft anbraten.

3 Die restliche Mehl-Gewürz-Mischung einrühren. Die Milch langsam unter Rühren zugießen, bis die Sauce andickt.

4 Mit Salz abschmecken und köcheln, bis die Sauce glatt ist.

5 Apfelmus und Trauben zugeben und 20 Minuten sanft köcheln.

6 Fleisch und Sauce auf einem Servierteller anrichten und mit saurer Sahne und Paprikapulver garnieren.

Variation

Verwenden Sie für eine leichtere Variante Naturjoghurt statt der sauren Sahne.

Tipp

Wenn Sie wünschen, können Sie mehr Paprikapulver verwenden. Es ist mild und wird nicht so schnell dominant.

1   3   5

SCHNELLE GERICHTE

143

Hühnchentaschen mit Frühlingsgemüse

Ein gesundes Gericht mit einem delikaten orientalischen Aroma! Verwenden Sie große Spinatblätter, um die Hähnchenbrustfilets einzuwickeln. Achten Sie jedoch darauf, dass sie jung und zart sind.

SCHNELLE GERICHTE

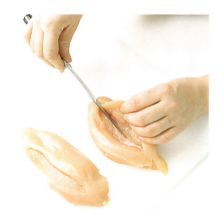

1

Für 4 Personen

4 Hähnchenbrustfilets

1 TL zerstoßenes Zitronengras

Salz und Pfeffer

2 Frühlingszwiebeln, fein gehackt

250 g junge Karotten

250 g junge Zucchini

2 Selleriestangen

1 TL helle Sojasauce

250 g Spinatblätter

2 TL Sesamöl

2

1 In jede Hähnchenbrust mit einem scharfen Messer eine große Tasche einschneiden. Das Innere der Tasche mit Zitronengras, Salz und Pfeffer einreiben. Die Frühlingszwiebeln in die Taschen geben.

2 Karotten, Zucchini und Sellerie putzen und in kleine Stifte schneiden. 1 Minute in einem Topf mit kochendem Wasser blanchieren, abtropfen lassen und mit der Sojasauce vermischen.

3

3 Das Gemüse in die Taschen füllen und das Fleisch zum Verschließen einschlagen. Übrig bleibendes Gemüse aufbewahren. Die Spinatblätter gründlich waschen, abtropfen und mit Küchenpapier trockentupfen. Die Hähnchenbrustfilets vollständig in die Spinatblätter einschlagen. Wenn sie dafür zu steif sind, die Blätter einige Sekunden über kochendem Wasser dämpfen.

4 Die eingeschlagenen Hähnchenbrustfilets in einen Dämpfeinsatz geben und je nach Größe 20–25 Minuten über sprudelnd kochendem Wasser dämpfen.

5 Übrig gebliebenes Gemüse und die restlichen Spinatblätter 1–2 Minuten in Sesamöl pfannenrühren und mit den Hühnchentaschen servieren.

145

SCHNELLE GERICHTE

Hühnchentaschen im Schinkenmantel

Hähnchenbrustfilets werden mit cremigem Ricotta, Muskat und Spinat gefüllt, mit Parmaschinken umwickelt und dann in Weißwein gegart.

Für 4 Personen

125 g Blattspinat,
  Tiefkühlware aufgetaut
125 g Ricotta
1 Prise frisch geriebene Muskatnuss
Salz und Pfeffer
4 Hähnchenbrustfilets (je ca. 175 g)
4 Scheiben Parmaschinken
25 g Butter
1 EL Olivenöl
12 kleine Zwiebeln oder Schalotten
120 g kleine Champignons,
  in Scheiben geschnitten
1 EL Mehl
150 ml trockener Weiß- oder Rotwein
300 ml Hühnerbrühe

ZUM SERVIEREN
Karottenpüree
grüne Bohnen (nach Belieben)

1 Den Spinat in ein Sieb geben und mit einem Löffel das Wasser herausdrücken. Den Spinat mit Ricotta und Muskat mischen und mit Salz und Pfeffer abschmecken.

2 Mit einem scharfen Messer in jedes Hähnchenbrustfilet eine große Tasche schneiden. Die Taschen mit der Spinatmischung füllen, zudrücken und die Brustfilets jeweils fest in eine Schinkenscheibe einwickeln und mit einem Zahnstocher feststecken. Abdecken und kalt stellen.

3 Butter und Öl in einer Pfanne erhitzen und die Hähnchenbrustfilets 2 Minuten von jeder Seite anbraten. In eine große Auflaufform legen und warm stellen.

4 Zwiebeln oder Schalotten in Ringe schneiden und mit den Champignons 2–3 Minuten anbraten, bis sie leicht bräunen. Das Mehl einrühren und dann langsam Wein und Brühe zugießen. Unter ständigem Rühren aufkochen. Mit Salz und Pfeffer abschmecken und über die Hähnchenbrustfilets gießen.

5 Den Backofen auf 200 °C vorheizen. Die Hähnchenbrustfilets unabgedeckt 20 Minuten backen. Wenden und weitere 10 Minuten backen. Die Zahnstocher entfernen und die Hühnchentaschen mit der Sauce servieren. Dazu passen Karottenpüree und grüne Bohnen.

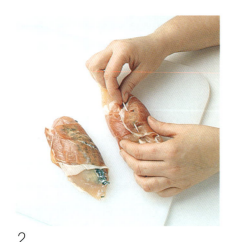

2

3

4

Hähnchenbrust mit Paprikasauce

Dieses appetitliche Gericht ist rasch zubereitet und eignet sich hervorragend für ein leichtes Mittag- oder Abendessen.

SCHNELLE GERICHTE

Für 4 Personen

2 EL Olivenöl

2 Zwiebeln, fein gehackt

2 Knoblauchzehen, zerdrückt

2 rote Paprika, entkernt und klein gewürfelt

1 Prise Cayennepfeffer

2 TL Tomatenmark

2 gelbe Paprika, entkernt und klein gewürfelt

1 Prise getrocknetes Basilikum

Salz und Pfeffer

4 Hähnchenbrustfilets

150 ml trockener Weißwein

150 ml Hühnerbrühe

1 Bouquet garni

frische Kräuter, zum Garnieren

1 Jeweils 1 Esslöffel Olivenöl in zwei mittelgroßen Töpfen erhitzen. Die Hälfte der Zwiebeln und des Knoblauchs mit den roten Paprikawürfeln, Cayennepfeffer und Tomatenmark in einen Topf geben. Die andere Hälfte von Zwiebeln und Knoblauch mit den gelben Paprikawürfeln und dem Basilikum in den zweiten Topf geben.

2 Die Töpfe abdecken und die Mischungen jeweils 1 Stunde bei sehr schwacher Hitze köcheln, bis die Paprika weich sind. Wenn eine der Mischungen zu trocken wird, etwas Wasser zugießen. Beide Saucen getrennt im Mixer pürieren und jeweils durch ein Sieb streichen.

3 Die Saucen wieder in ihre Töpfe geben und mit Salz und Pfeffer abschmecken. Sie können erwärmt werden, während das Fleisch gart.

4 Die Hähnchenbrustfilets mit Wein und Brühe in einen Topf geben. Das Bouquet garni zugeben und zum Köcheln bringen. Das Fleisch etwa 20 Minuten köcheln, bis es zart ist.

5 Zum Servieren je einen Spiegel aus beiden Saucen auf vier Teller geben, die Hähnchenbrustfilets aufschneiden und auf den Spiegeln anrichten. Mit frischen Kräutern garnieren.

1

3

4

Tipp

Sie können Ihr eigenes Bouquet garni mit Ihren Lieblingskräutern, wie Thymian, Petersilie und Lorbeer, anfertigen, die Sie zusammenbinden. Getrocknete Kräuter schlagen Sie in ein Musselintuch ein.

SCHNELLE GERICHTE

Pochierte Hähnchenbrust in Whiskysauce

Diese mit Gemüse und Brühe gekochten Hähnchenbrustfilets werden mit einer sämigen Sauce aus Whisky und Crème fraîche serviert.

Für 6 Personen

25 g Butter

60 g Porree, klein geschnitten

60 g Karotte, gewürfelt

60 g Stangensellerie, gewürfelt

4 Schalotten, in Ringe geschnitten

600 ml Hühnerbrühe

6 Hähnchenbrustfilets

50 ml Whisky

200 g Crème fraîche

2 EL frisch geriebener Rettich

1 TL Honig, erwärmt

1 TL frisch gehackte Petersilie

Salz und Pfeffer

frische Petersilienzweige, zum Garnieren

ZUM SERVIEREN

Gemüsebratlinge

gedünstete Karotten

1

5

3

1 Die Butter in einem großen Topf zerlassen und Porree, Karotte, Sellerie und Schalotten zugeben. 3 Minuten anbraten, die Hälfte der Brühe zugießen und etwa 8 Minuten kochen.

2 Die restliche Brühe zugießen, aufkochen, die Hähnchenbrustfilets zugeben und 10 Minuten kochen.

3 Das Hühnerfleisch herausnehmen und dünn aufschneiden. Auf einem großen vorgewärmten Teller anrichten und warm stellen.

4 In einem zweiten Topf den Whisky auf die Hälfte einkochen. Die Hühnerbrühe durch ein feines Sieb gießen, zum Whisky geben und erneut auf die Hälfte einkochen.

5 Crème fraîche, Rettich und Honig einrühren. Sanft erhitzen, die Petersilie zugeben und mit Salz und Pfeffer abschmecken. Gut verrühren.

6 Etwas Sauce um das Fleisch auf den Teller geben und die übrige Sauce in eine Sauciere füllen.

7 Das Fleisch mit je 1 Petersilienzweig garnieren und zu Gemüsebratlingen aus den abgeseihten Gemüseresten und Kartoffelpüree servieren. Dazu gedünstete Karotten reichen.

SCHNELLE GERICHTE

Durch langes und sanftes Garen wird Fleisch sehr saftig und entfaltet seinen vollen Geschmack. Da Hühnerfleisch keinen sehr intensiven Eigengeschmack besitzt, lässt es sich mit fast allen Gewürzen und Kräutern kombinieren. Dieses Kapitel präsentiert wunderbare Rezepte aus aller Welt, wie z. B. aus Italien, Frankreich, Ungarn, der Karibik und den USA. Zu den klassischen französischen Hühnchengerichten zählen Huhn à la bourguignonne oder Bretonischer Hühnereintopf.

Da der Duft eines gebratenen Hähnchens immer verlockend ist, finden Sie in diesem Kapitel selbstverständlich das traditionelle Brathähnchen, aber auch Hinweise zum Tranchieren und zu vielen anderen Zubereitungsmethoden. Sie können ungewöhnliche Kreationen ausprobieren, wie etwa Füllungen aus Zucchini und Limetten, mit Marmelade oder aus Hafer und Kräutern. Viele Rezepte kombinieren Huhn mit dem frischen Geschmack von Früchten, und so finden sich hier köstliche Gerichte mit Preiselbeeren, Äpfeln, Pfirsichen, Orangen und Mangos.

Eintöpfe & Braten

Brathähnchen in Wildpilzsauce

Dieses köstliche Brathähnchen wird nach der Garzeit vom Knochen gelöst und als eine Art Geschnetzeltes in einer Wildpilzsauce serviert.

EINTÖPFE & BRATEN

Für 4 Personen

90 g weiche Butter

1 Knoblauchzehe, zerdrückt

Salz und Pfeffer

1 großes Hähnchen

180 g Wildpilze

12 Schalotten, geviertelt

25 g Mehl

150 ml Weinbrand

300 g Crème double

1 EL frisch gehackte Petersilie, zum Garnieren

ZUM SERVIEREN

Bratkartoffeln oder Wildreis

grüne Bohnen

2

5

1 Butter, Knoblauch, Salz und Pfeffer in eine Schüssel geben und gut verrühren.

2 Das Hähnchen von innen und außen mit der Knoblauchbutter bestreichen und 2 Stunden ruhen lassen.

3 Den Backofen auf 230 °C vorheizen. Das Hähnchen in einen Bräter geben und 1½ Stunden im Ofen auf mittlerer Schiene backen. Alle 10 Minuten mit Bratensaft übergießen.

4 Das Hähnchen aus dem Ofen nehmen und zum Abkühlen beiseite stellen.

5 Den Bratensaft in eine Pfanne geben und Pilze und Schalotten 5 Minuten darin dünsten. Mit Mehl bestreuen, den Weinbrand leicht erwärmen, zugießen und flambieren.

6 Die Crème double zugeben und unter ständigem Rühren 3 Minuten bei schwacher Hitze kochen.

6

7 Das Hähnchen tranchieren und vom Knochen lösen. Das Fleisch in mundgerechte Stücke schneiden und in einen Bräter geben. Mit der Wildpilzsauce bedecken und weitere 12 Minuten im Ofen bei 160 °C backen. Mit Petersilie garnieren und mit Bratkartoffeln oder Wildreis und grünen Bohnen servieren.

Hähnchenbrustfilet mit Kirschen

Zwar ist dieses Rezept relativ zeitaufwändig, doch die Mühe lohnt sich! Kirschen und Huhn harmonieren geschmacklich hervorragend miteinander.

Für 6 Personen

6 große Hähnchenbrustfilets oder Suprêmes
6 schwarze Pfefferkörner, zerstoßen
300 g schwarze Süßkirschen, entsteint, oder Süßkirschen aus dem Glas
12 Schalotten, in Ringe geschnitten
4 Scheiben durchwachsener Speck, gehackt
8 Wacholderbeeren
4 EL Portwein
150 ml Rotwein
Salz und Pfeffer
25 g Butter
2 EL Walnussöl
25 g Mehl

ZUM SERVIEREN
neue Kartoffeln
grüne Bohnen

1

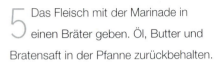

1. Die Hähnchenbrustfilets oder Suprêmes mit zerstoßenem Pfeffer, frischen Kirschen (oder eingelegten Kirschen mit ihrem Saft) und Schalotten in einen Bräter geben.

2. Speck, Wacholderbeeren, Portwein und Rotwein zufügen und mit Salz und Pfeffer abschmecken.

3. Das Fleisch etwa 48 Stunden im Kühlschrank marinieren.

4. Butter und Walnussöl in einer großen Pfanne erhitzen. Die Hähnchenbrustfilets bzw. Suprêmes aus der Marinade nehmen und 4 Minuten in der Pfanne bei starker Hitze rundum anbraten.

5. Das Fleisch mit der Marinade in einen Bräter geben. Öl, Butter und Bratensaft in der Pfanne zurückbehalten.

6. Den Backofen auf 180 °C vorheizen. Den Bräter abdecken und das Fleisch 20 Minuten im Ofen garen. Anschließend das Fleisch auf vorgewärmte große Teller geben. Das Mehl in die Pfanne mit dem Bratfett geben und 4 Minuten anschwitzen. Die Marinade zugießen, aufkochen und 10 Minuten köcheln, bis die Sauce andickt.

7. Die Hähnchenbrustfilets bzw. Suprêmes mit der Kirschsauce übergießen und mit neuen Kartoffeln und grünen Bohnen servieren.

5

EINTÖPFE & BRATEN

Marengo-Huhn

Napoleons Koch sollte am Vorabend der Schlacht von Marengo ein üppiges Mahl bereiten. Dieses Festessen hat er kredenzt.

EINTÖPFE & BRATEN

1

Für 4 Personen

8 Hühnerteile
3 EL Olivenöl
300 g passierte Tomaten
200 ml Weißwein
2 TL getrocknete italienische Kräuter
100 g gemischte Pilze, in
   Scheiben geschnitten
40 g schwarze Oliven, entsteint und gehackt
1 TL Zucker
Salz und Pfeffer
frisches Basilikum, zum Garnieren

BRUSCHETTA

40 g Butter, zerlassen
2 Knoblauchzehen, zerdrückt
8 Scheiben Weißbrot

3

4

1 Das Hühnerfleisch mit einem scharfen Messer entbeinen.

2 2 Esslöffel Öl in einer Pfanne erhitzen. Das Fleisch darin 4–5 Minuten rundum goldbraun anbraten.

3 Tomaten, Wein und Kräuter zugeben und aufkochen. Die Hitze reduzieren und das Fleisch etwa 30 Minuten garen. Gegen Ende der Garzeit mit einem Spieß prüfen, ob das Fleisch gar ist und klarer Saft austritt.

4 Für die Bruschetta Butter und Knoblauch vermengen. Das Brot leicht anrösten und mit der Knoblauchbutter bestreichen.

5 Das restliche Öl in eine zweite Pfanne geben und die Pilze darin 2–3 Minuten weich dünsten.

6 Oliven und Zucker zum Fleisch in die Pfanne geben, unterrühren, mit Salz und Pfeffer würzen und alles erwärmen.

7 Das Fleisch auf Tellern anrichten, mit der Sauce übergießen und mit Basilikum garnieren. Mit Bruschetta und gedünsteten Pilzen servieren.

Tipp

Wenn Sie Zeit haben, stellen Sie die Hühnerteile zuvor in einer Marinade aus Wein und gemischten Kräutern für 2 Stunden kalt. Das Fleisch wird dadurch zarter, und der Weingeschmack der Sauce kommt noch mehr zur Geltung.

EINTÖPFE & BRATEN

Hühnchenschmortopf mit Rosmarinklößen

Wurzelgemüsesorten wie Karotten, Pastinaken und Rüben sind nahrhaft und preiswert. Kombiniert mit Huhn ergeben sie einen reichhaltigen Schmortopf.

EINTÖPFE & BRATEN

Für 4 Personen

4 Hühnerviertel

2 EL Sonnenblumenöl

2 Porreestangen

250 g Karotten, gewürfelt

250 g Pastinaken, gewürfelt

2 kleine weiße Rüben, gewürfelt

600 ml Hühnerbrühe

3 EL Worcestersauce

2 frische Rosmarinzweige

Salz und Pfeffer

KLÖSSE

200 g Mehl

1 TL Backpulver

100 g gehackter Rindertalg

1 EL frisch gehackte Rosmarinblätter

Salz und Pfeffer

kaltes Wasser, zum Verkneten

1 Die Hühnerviertel nach Wunsch häuten. Das Öl in einem großen Topf oder Bräter erhitzen und die Hühnerviertel rundum goldbraun anbraten. Mit einem Schaumlöffel herausnehmen und überschüssiges Fett abtropfen lassen.

2 Den Porree putzen und in Scheiben schneiden. Mit Karotten, Pastinaken und Rüben im Topf 5 Minuten leicht anrösten. Das Hühnerfleisch wieder zugeben.

2

3 Hühnerbrühe, Worcestersauce, Rosmarin, Salz und Pfeffer zugeben und aufkochen.

3

4 Abdecken und bei schwacher Hitze 50 Minuten leicht köcheln, bis das Fleisch gar ist und beim Einstechen klarer Fleischsaft austritt.

5 Für die Klöße Mehl, Backpulver, Rindertalg, Rosmarinblätter, Salz und Pfeffer in einer Schüssel mit etwas Wasser zu einem festen Teig verkneten.

6 Den Kloßteig zu 8 kleinen Kugeln formen und auf das Fleisch und Gemüse geben. Abdecken und weitere 10–12 Minuten kochen, bis die Klöße aufgegangen sind. Den Schmortopf sofort servieren.

6

EINTÖPFE & BRATEN

Bretonischer Hühnereintopf

Dieser herzhafte Eintopf ergibt eine sättigende Hauptspeise. Da er lange kochen muss, lohnt es sich, die doppelte Menge zuzubereiten und die Hälfte einzufrieren.

Für 6 Personen

500 g Bohnen (z. B. Flageolet), über Nacht eingeweicht und abgetropft
25 g Butter
2 EL Olivenöl
3 Scheiben durchwachsener Speck, gehackt
900 g Hühnerteile
1 EL Mehl
300 ml Cidre
150 ml Hühnerbrühe
Salz und Pfeffer
14 Schalotten
2 EL Honig, erwärmt
250 g Rote Bete, gekocht

1 Die Bohnen 25 Minuten in kochendem Wasser garen.

2 Butter und Olivenöl in einem Topf erhitzen und Speck und Fleisch darin 5 Minuten rundum anbraten.

3 Mit dem Mehl bestreuen und Cidre und Brühe unter Rühren zugießen, damit das Mehl keine Klumpen bildet. Mit Salz und Pfeffer abschmecken und aufkochen.

4 Den Backofen auf 160 °C vorheizen. Die Bohnen in den Topf geben, mit Deckel oder Alufolie abdecken und 2 Stunden im Ofen garen.

5 Den Topf 15 Minuten vor Ende der Garzeit aufdecken.

6 Die Schalotten mit dem Honig in eine Pfanne geben und unter häufigem Wenden etwa 5 Minuten bei schwacher Hitze glasieren.

7 Die Schalotten und die Rote Bete in den Topf geben und die restlichen 15 Minuten mitgaren.

Tipp

Um etwas Zeit zu sparen, können Sie auch Bohnen aus der Dose verwenden. Abtropfen, waschen und zum Fleisch geben.

3   4

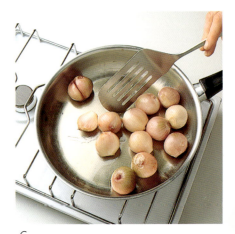

6

EINTÖPFE & BRATEN

Huhn in exotischer Pilz-Ingwer-Sauce

Diesem orientalisch angehauchten Rezept können Sie durch die Zugabe von gehackten Frühlingszwiebeln, Zimt und Zitronengras noch mehr Pfiff geben.

EINTÖPFE & BRATEN

Für 6–8 Personen

6 EL Sesamöl

900 g Hühnerfleisch, in mundgerechte Stücke geschnitten

60 g Mehl, mit Salz und Pfeffer gewürzt

12 Schalotten, in Ringe geschnitten

500 g braune Champignons, grob gehackt

300 ml Hühnerbrühe

1 EL Honig

2 EL Worcestersauce

2 EL frisch geriebener Ingwer

Salz und Pfeffer

150 g Naturjoghurt

Wild- und weißer Reis, zum Servieren

glatte Petersilie, zum Garnieren

1 Das Sesamöl in einer großen Pfanne erhitzen. Das Hühnerfleisch im Mehl wenden und etwa 4 Minuten rundum bräunen. Das Fleisch herausnehmen, in einen hohen, ofenfesten Topf geben und warm stellen.

2 Schalotten und Champignons im Bratensaft sanft anbraten.

3 Hühnerbrühe, Honig, Worcestersauce und Ingwer zugeben und mit Salz und Pfeffer abschmecken.

2

4

1

4 Den Backofen auf 150 °C vorheizen. Die Mischung über das Fleisch geben und den Topf mit einem Deckel oder Alufolie abdecken.

5 Auf mittlerer Schiene etwa 1½ Stunden garen, bis das Fleisch sehr zart ist. Den Joghurt zugeben und weitere 10 Minuten garen. Mit einer Mischung aus Wildreis und weißem Reis und mit frischer Petersilie garniert servieren.

Tipp

Champignons halten sich im Kühlschrank 24–36 Stunden. Verwenden Sie zur Aufbewahrung Papiertüten, da die Pilze in Plastiktüten oder Frischhaltefolie schwitzen. Man muss sie nicht schälen, sondern nur waschen oder abputzen.

EINTÖPFE & BRATEN

Würziger Hühnertopf

Kräuter, Gewürze, Früchte, Nüsse und Gemüse vereinen sich zu einem appetitlichen Eintopf mit den unterschiedlichsten Aromen.

Für 4–6 Personen

3 EL Olivenöl

1 kg Hähnchenbrustfilet, in Scheiben geschnitten

10 Schalotten

3 Karotten, gewürfelt

60 g Esskastanien, in Scheiben geschnitten

60 g Mandelsplitter, geröstet

1 TL frisch geriebene Muskatnuss

3 TL Zimt

300 ml Weißwein

300 ml Hühnerbrühe

175 ml Weißweinessig

1 EL frisch gehackter Estragon

1 EL frisch gehackte glatte Petersilie

1 EL frisch gehackter Thymian

abgeriebene Schale von 1 Orange

1 EL Muskovado-Zucker

125 g kernlose rote Weintrauben, halbiert

Meersalz und Pfeffer

Wildreis oder Kartoffelpüree, zum Servieren

frische Kräuter, zum Garnieren

1

2

3

1 Das Olivenöl in einem großen Topf erhitzen. Hühnerfleisch, Schalotten und Karotten darin etwa 6 Minuten anbraten, bis sie bräunen.

2 Die restlichen Zutaten bis auf die Trauben zugeben und 2 Stunden bei schwacher Hitze köcheln, bis das Fleisch sehr zart ist. Dabei gelegentlich umrühren.

3 Die Trauben kurz vor dem Servieren zugeben. Mit Meersalz und Pfeffer abschmecken und zu Wildreis oder Kartoffelpüree servieren. Mit frischen Kräutern garnieren.

Variation

Probieren Sie verschiedene Nuss- und Obstsorten. Ersetzen Sie die Mandeln durch Sonnenblumen- oder andere Kerne und Nüsse und geben Sie 2 gehackte Aprikosen zu.

Tipp

Zu diesem würzigen Hühnertopf passt auch ofenfrisches, knuspriges Brot, um die Sauce aufzutunken. Das Brot dazu in dicke Scheiben schneiden.

Hühnchen mit Perlzwiebeln & Erbsen

Der Speck verleiht diesem Gericht einen herzhaften Geschmack. Falls keine frischen Erbsen zur Hand sind, können Sie auch tiefgefrorene verwenden.

EINTÖPFE & BRATEN

Für 4 Personen

250 g fetter Speck, klein gewürfelt

60 g Butter

16 Perlzwiebeln oder Schalotten

1 kg Hühnerteile, gehäutet und entbeint

25 g Mehl

600 ml Hühnerbrühe

1 Bouquet garni

500 g frische Erbsen

Salz und Pfeffer

1 Den Speck 3 Minuten in einem Topf mit kochendem Salzwasser blanchieren, abgießen und auf Küchenpapier abtropfen lassen.

2 Die Butter in einer großen Pfanne zerlassen, Speck und Zwiebeln zugeben und 3 Minuten leicht anbräunen.

2

4

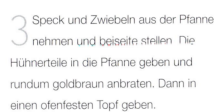

6

3 Speck und Zwiebeln aus der Pfanne nehmen und beiseite stellen. Die Hühnerteile in die Pfanne geben und rundum goldbraun anbraten. Dann in einen ofenfesten Topf geben.

4 Das Mehl in die Pfanne geben und unter ständigem Rühren leicht anbräunen. Dann langsam die Hühnerbrühe zugießen und verrühren.

5 Den Backofen auf 200 °C vorheizen. Sauce und Bouquet garni über das Fleisch geben, 35 Minuten im Ofen garen.

6 Das Bouquet garni etwa 10 Minuten vor Ende der Garzeit herausnehmen. Erbsen, Speck und Zwiebeln in den Topf geben und verrühren. Mit Salz und Pfeffer abschmecken.

7 Sobald das Gemüse gar ist, das Fleisch mit den Erbsen, Zwiebeln und Speckwürfeln auf einem Servierteller anrichten.

Tipp

Eine fettärmere Variante dieses Gerichts können Sie mit magerem Speck zubereiten.

EINTÖPFE & BRATEN

Salbeihuhn mit Reis

Das Besondere an einem Eintopfgericht ist, dass sich alle Aromen in einem Topf vereinen. Reichen Sie zu diesem Hauptgericht einen Salat und knuspriges Brot.

Für 4 Personen

1 große Zwiebel, gehackt

1 Knoblauchzehe, zerdrückt

2 Selleriestangen, in Scheiben geschnitten

2 Karotten, gewürfelt

2 frische Salbeizweige

300 ml Hühnerbrühe

350 g Hähnchenbrustfilet

225 g Wildreismischung (Naturreis und Wildreis)

400 g gewürfelte Tomaten aus der Dose

1 Spritzer Tabasco

Salz und Pfeffer

2 Zucchini, in Scheiben geschnitten

100 g magerer Kochschinken, gewürfelt

frische Salbeiblätter, zum Garnieren

ZUM SERVIEREN

grüner Salat

knuspriges Brot

2

1 Zwiebel, Knoblauch, Sellerie, Karotten und Salbeizweige in einen großen Topf geben. Die Hühnerbrühe zugießen, aufkochen und bei geschlossenem Deckel 5 Minuten kochen.

2 Das Hühnerfleisch in 2,5 cm große Stücke schneiden und zum Gemüse geben. Den Deckel schließen und weitere 5 Minuten kochen.

3 Den Reis und die Tomatenwürfel zugeben. Mit Tabasco, Salz und Pfeffer abschmecken. Wieder aufkochen, abdecken und 25 Minuten bei schwacher Hitze köcheln lassen.

4 Zucchini und Kochschinken einrühren und ohne Deckel 10 Minuten leicht kochen, bis der Reis gerade weich ist. Dabei gelegentlich umrühren.

5 Vom Herd nehmen und die Salbeizweige entfernen. Mit Salbeiblättern garnieren. Dazu schmecken ein frischer grüner Salat und knuspriges Brot.

3

4

Tipp

Der frische Salbei kann in Schritt 1 auch durch 1 Teelöffel getrockneten Salbei ersetzt werden.

EINTÖPFE & BRATEN

Hühnertopf mit Bohnen

Arm an Fett und reich an Ballaststoffen ist dieser farbenfrohe Eintopf.
Eine gesunde und herzhafte Mahlzeit besonders für kalte Wintertage.

EINTÖPFE & BRATEN

2

Für 4 Personen

8 Hähnchenunterkeulen, gehäutet

1 EL Vollkornmehl

1 EL Olivenöl

2 rote Zwiebeln

1 Knoblauchzehe, zerdrückt

1 TL Fenchelsamen

1 Lorbeerblatt

400 g gewürfelte Tomaten aus der Dose

400 g Cannellini- oder Flageolet-Bohnen
  aus der Dose, abgetropft

abgeriebene Schale und Saft von
  1 kleinen Orange

Salz und Pfeffer

3 dicke Scheiben Vollkornbrot

2 TL Olivenöl

3

5

1 Die Hähnchenunterkeulen im Mehl wenden. Das Öl in einem beschichteten Topf oder einer Kasserolle erhitzen und das Fleisch bei starker Hitze unter häufigem Wenden von allen Seiten goldbraun anbraten. In einen Bräter geben und warm stellen.

2 Die Zwiebeln schälen, in dünne Spalten schneiden, in den Bräter geben und einige Minuten leicht anbraten. Den Knoblauch einrühren.

3 Fenchel, Lorbeer, Tomaten, Bohnen, Orangenschale und -saft zugeben. Mit Salz und Pfeffer abschmecken.

4 Den Backofen auf 190 °C vorheizen. Das Fleisch abdecken und 30–35 Minuten im Ofen garen, bis beim Einstechen mit einem Spieß klarer Fleischsaft austritt.

5 Das Brot in kleine Würfel schneiden und im Öl wälzen. Den Deckel vom Bräter nehmen, die Brotwürfel über das Fleisch streuen und weitere 15–20 Minuten backen, bis die Brotwürfel knusprig braun sind. Heiß servieren.

Tipp

Verwenden Sie keine Bohnen, die in Zucker- oder Salzwasser eingelegt sind. Vor Gebrauch abtropfen lassen und abspülen.

EINTÖPFE & BRATEN

Hähnchen-Pflaumen-Kasserolle

Voller herbstlicher Aromen ist diese Kombination aus magerem Hühnerfleisch, Schalotten, Knoblauch und frischen saftigen Pflaumen. Servieren Sie dazu ofenfrisches Brot zum Auftunken der Sauce.

Für 4 Personen

2 Scheiben magerer Speck, in schmale Streifen geschnitten

1 EL Sonnenblumenöl

450 g Hähnchenschenkel, gehäutet, entbeint und in je 4 gleich große Stücke geschnitten

1 Knoblauchzehe, zerdrückt

175 g Schalotten, halbiert

225 g Pflaumen, entsteint und halbiert oder geviertelt

1 EL Muskovado-Zucker

150 ml trockener Sherry

2 EL Pflaumensauce

450 ml frische Hühnerbrühe

2 EL Speisestärke, mit 4 EL kaltem Wasser angerührt

2 EL frisch gehackte glatte Petersilie, zum Garnieren

knuspriges Brot, zum Servieren

1

2

1 Den Speck in einer großen, beschichteten Pfanne ohne Fett 2–3 Minuten anbraten, bis das Fett austritt. Mit einem Schaumlöffel aus der Pfanne nehmen und warm halten.

2 In der gleichen Pfanne das Öl erhitzen und das Hühnerfleisch mit Knoblauch und Schalotten 4–5 Minuten unter gelegentlichem Rühren anbraten, bis es rundum gebräunt ist.

3 Den Speck wieder in die Pfanne geben. Die Pflaumen einrühren. Zucker, Sherry, Pflaumensauce und Brühe zufügen, aufkochen und 20 Minuten bei schwacher Hitze köcheln, bis die Pflaumen weich sind und das Fleisch gar ist.

4 Die angerührte Speisestärke zugeben und unter Rühren 2–3 Minuten kochen, bis die Sauce eindickt.

5 Das Gericht auf vorgewärmten Tellern anrichten und mit Petersilie garnieren. Knuspriges Brot ist ideal, um die fruchtige Sauce aufzutunken.

3

Variation

Für dieses Gericht eignet sich auch mageres Puten- oder Schweinefleisch. Die Kochzeit bleibt unverändert.

Mediterraner Hühnertopf

Ein farbenfroher Eintopf voller mediterraner Aromen! Das spezielle Etwas verdankt er den aromatischen getrockneten Tomaten, von denen Sie nur sehr wenige benötigen.

EINTÖPFE & BRATEN

Für 4 Personen

8 Hähnchenoberkeulen

2 EL Olivenöl

1 rote Zwiebel, in Ringe geschnitten

2 Knoblauchzehen, zerdrückt

1 große rote Paprika, entkernt und in dicke Streifen geschnitten

abgeriebene Schale und Saft von 1 kleinen Orange

125 ml Hühnerbrühe

400 g gewürfelte Tomaten aus der Dose

25 g getrocknete Tomaten, in dünne Streifen geschnitten

1 EL frisch gehackter Thymian

50 g schwarze Oliven, entsteint

Salz und Pfeffer

ofenfrisches Brot, zum Servieren

GARNIERUNG

frische Thymianzweige

Orangenzesten

Tipp

Getrocknete Tomaten sind sehr fest und haben einen intensiven Geschmack, der Eintöpfen ein herrliches Aroma verleiht.

1

2

1 Die Hähnchenoberkeulen unter gelegentlichem Wenden in einer großen beschichteten Pfanne ohne Fett bei starker Hitze rundum goldbraun anbraten. Mit einem Schaumlöffel aus der Pfanne heben, überschüssiges Fett abtropfen lassen und in einen Topf geben.

2 Das Öl in der Pfanne erhitzen und darin Zwiebel, Knoblauch und Paprika 3–4 Minuten bei mittlerer Hitze andünsten. In den Topf geben.

3 Orangenschale und -saft, Brühe, gewürfelte und getrocknete Tomaten gründlich einrühren.

4 Aufkochen, abdecken und unter gelegentlichem Rühren etwa 1 Stunde bei schwacher Hitze köcheln. Thymian und Oliven zufügen und kräftig mit Salz und Pfeffer abschmecken.

5 Mit Thymianzweigen und Orangenzesten garnieren und mit ofenfrischem Brot servieren.

3

Hühnerkasserolle mit Knoblauch

Sparen Sie Zeit und verwenden Sie für dieses Gericht einfach Bohnen aus der Dose. Cannellini-Bohnen sind weiß und von mittlerer Größe, Borlotti-Bohnen sind dunkelrot und leicht gestreift.

EINTÖPFE & BRATEN

Für 4 Personen

4 EL Sonnenblumenöl

900 g Hühnerfleisch, gewürfelt

250 g Champignons, in Scheiben geschnitten

16 Schalotten

6 Knoblauchzehen, zerdrückt

1 EL Mehl

250 ml Weißwein

250 ml Hühnerbrühe

1 Bouquet garni (1 Lorbeerblatt, Thymianzweige, 1 Selleriestange, Petersilie und Salbei, zusammengebunden)

Salz und Pfeffer

400 g Borlotti- oder Cannellini-Bohnen (Dose)

Mini-Patissons, zum Servieren

3

5

2

4 Weißwein und Hühnerbrühe zugießen und unter Rühren aufkochen. Das Bouquet garni zufügen und mit Salz und Pfeffer abschmecken.

5 Die Bohnen abgießen, gründlich waschen, abtropfen und zugeben.

6 Den Backofen auf 150 °C vorheizen. Den Topf abdecken und die Hühnerkasserolle 2 Stunden im Ofen auf mittlerer Schiene garen. Das Bouquet garni herausnehmen und den Eintopf mit gekochten Patissons servieren.

1 Das Sonnenblumenöl in einem ofenfesten Topf erhitzen und das Hühnerfleisch darin rundum goldbraun anbraten. Mit einem Schaumlöffel herausnehmen und beiseite stellen.

2 Champignons, Schalotten und Knoblauch in den Topf geben und 4 Minuten im Öl dünsten.

3 Das Hühnerfleisch wieder zugeben, mit Mehl bestreuen und weitere 2 Minuten braten.

Tipp

Pilze eignen sich gut für die fettarme Ernährung, da sie einen starken Geschmack haben, aber kein Fett enthalten. Probieren Sie die vielen Sorten, die je nach Saison erhältlich sind.

Tipp

Mit Vollkornreis als Beilage wird diese Hühnerkasserolle noch reichhaltiger.

Huhn à la bourguignonne

Dieses Rezept basiert auf dem klassischen französischen Gericht.
Verwenden Sie unbedingt hochwertigen Weißwein.

Für 4–6 Personen

4 EL Sonnenblumenöl

900 g Hühnerfleisch, gewürfelt

250 g kleine Champignons

125 g durchwachsener Räucherspeck, gewürfelt

16 Schalotten

2 Knoblauchzehen, zerdrückt

1 EL Mehl

150 ml weißer Burgunder

150 ml Hühnerbrühe

1 Bouquet garni (1 Lorbeerblatt, Thymianzweige, 1 Selleriestange, Petersilie und Salbei, zusammengebunden)

Salz und Pfeffer

ZUM SERVIEREN

knusprige Croûtes

verschiedenes Gemüse

1

2

3

3 Das Fleisch wieder zufügen und mit Mehl bestreuen. Unter ständigem Rühren weitere 2 Minuten braten.

4 Wein und Hühnerbrühe zugießen und unter Rühren aufkochen. Das Bouquet garni zufügen und kräftig mit Salz und Pfeffer abschmecken.

5 Den Backofen auf 150 °C vorheizen. Den Topf abdecken und etwa 1½ Stunden im Ofen auf mittlerer Schiene garen. Das Bouquet garni herausnehmen.

6 Herzförmige Croûtes (ca. 8 Stück) in Bratfett knusprig braten und mit Gemüse und Fleisch servieren.

Tipp

Anstelle des Weißweins können Sie einen guten Rotwein verwenden, der eine kräftige Sauce ergibt.

1 Das Sonnenblumenöl in einem ofenfesten Topf erhitzen und das Hühnerfleisch rundum anbraten. Mit einem Schaumlöffel aus dem Topf heben.

2 Champignons, Speck, Schalotten und Knoblauch in den Topf geben und 4 Minuten im Öl anbraten.

EINTÖPFE & BRATEN

Ungarisches Hühnergulasch

Traditionellerweise wird Gulasch aus Rindfleisch hergestellt, doch lässt es sich auch mit Hühnerfleisch zubereiten. Sie werden begeistert sein!

EINTÖPFE & BRATEN

2

3

Für 6 Personen

900 g Hühnerfleisch, gewürfelt

60 g Mehl, mit 1 TL Paprikapulver,
   Salz und Pfeffer gewürzt

2 EL Olivenöl

25 g Butter

1 Zwiebel, in Ringe geschnitten

24 Schalotten

je 1 rote und grüne Paprika, entkernt
   und klein geschnitten

1 EL Paprikapulver

1 TL Rosmarin, zerstoßen

4 EL Tomatenmark

300 ml Hühnerbrühe

150 ml trockener Rotwein

400 g gewürfelte Tomaten aus der Dose

150 g saure Sahne

1 EL frisch gehackte Petersilie,
   zum Garnieren

ZUM SERVIEREN

knuspriges Brot

grüner Salat

1 Das Hühnerfleisch im Würzmehl wenden, bis es gleichmäßig bedeckt ist.

2 Öl und Butter in einem ofenfesten Topf erhitzen und Zwiebel, Schalotten und Paprika 3 Minuten anbraten.

3 Das Hühnerfleisch zufügen und weitere 4 Minuten braten.

4 Mit Paprikapulver und Rosmarin bestreuen.

5 Den Backofen auf 160 °C vorheizen Tomatenmark, Brühe, Rotwein und gewürfelte Tomaten zugeben. Abdecken und 1½ Stunden im Ofen auf mittlerer Schiene garen.

4

6 Aus dem Ofen nehmen und 4 Minuten stehen lassen. Dann die saure Sahne einrühren und mit Petersilie garnieren.

7 Mit knusprigem Brot und einem grünen Salat servieren.

Variation

Sie können das Gulasch auch mit in Butter geschwenkten Bandnudeln servieren. Verwenden Sie zur Zubereitung am besten einen ungarischen Rotwein.

Englisches Bierhuhn

Dieser englische Eintopf ist genau das Richtige für einen kalten Wintertag. Käsetoasts sind eine ideale Beilage, doch Sie können auch Ofenkartoffeln zum Huhn servieren.

EINTÖPFE & BRATEN

Für 4–6 Personen

4 große Hähnchenoberkeulen, gehäutet

2 EL Senfpulver

2 EL Mehl

2 EL Sonnenblumenöl

15 g Butter

4 kleine Zwiebeln

600 ml Bier

2 EL Worcestersauce

Salz und Pfeffer

3 EL frisch gehackte Salbeiblätter

KÄSETOASTS

60 g frisch geriebener reifer Gouda

1 TL Senfpulver

1 TL Mehl

1 TL Worcestersauce

1 EL Bier

2 Scheiben Vollkorntoast

ZUM SERVIEREN

grünes Gemüse

neue Kartoffeln

1

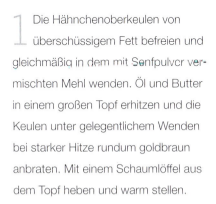

2

3

1 Die Hähnchenoberkeulen von überschüssigem Fett befreien und gleichmäßig in dem mit Senfpulver vermischten Mehl wenden. Öl und Butter in einem großen Topf erhitzen und die Keulen unter gelegentlichem Wenden bei starker Hitze rundum goldbraun anbraten. Mit einem Schaumlöffel aus dem Topf heben und warm stellen.

2 Die Zwiebeln schälen, in Spalten schneiden und bei starker Hitze goldbraun anbraten. Hähnchenoberkeulen, Bier und Worcestersauce zufügen und mit Salz und Pfeffer abschmecken.

Zum Kochen bringen, abdecken und ca. 1½ Stunden sanft köcheln, bis das Fleisch zart ist.

3 Unterdessen Käse, Senfpulver, Mehl, Worcestersauce und Bier mischen und die Toastscheiben damit bestreichen. Die Toasts unter dem Backofengrill 1 Minute überbacken und in Dreiecke schneiden.

4 Die Salbeiblätter in den Hühnertopf rühren, aufkochen und mit den Käsetoasts, grünem Gemüse und neuen Kartoffeln servieren.

Tipp

Haben Sie keinen frischen Salbei zur Verfügung, nehmen Sie in Schritt 2 2 Teelöffel getrockneten Salbei.

EINTÖPFE & BRATEN

Hühnchen-Limetten-Eintopf

Dieser exotische Hühnereintopf besticht durch den erfrischenden Geschmack von Limettensaft und -schale. Rote und grüne Paprika setzen bunte Farbtupfer.

Für 4 Personen

1 großes Hähnchen, in Stücke geteilt

60 g Mehl, mit Salz und Pfeffer gewürzt

2 EL Öl

500 g junge Zwiebeln oder Schalotten, in Ringe geschnitten

1 grüne und 1 rote Paprika, entkernt und in dünne Streifen geschnitten

150 ml Hühnerbrühe

abgeriebene Schale und Saft von 2 Limetten

2 Chillies, fein gehackt

2 EL Austernsauce

1 TL Worcestersauce

Salz und Pfeffer

1 Die Fleischstücke gleichmäßig im Mehl wenden. Das Öl in einer großen Pfanne erhitzen und das Fleisch etwa 4 Minuten rundum goldbraun anbraten.

2 Das Hühnerfleisch mit einem Schaumlöffel in einen großen, tiefen Bräter geben, mit Zwiebeln bestreuen und warm stellen.

3 Die Paprikastreifen langsam im Bratensaft in der Pfanne andünsten.

4 Hühnerbrühe, Limettenschale und -saft zufügen und weitere 5 Minuten garen.

5 Chillies, Austern- und Worcestersauce zugeben und mit Salz und Pfeffer abschmecken.

6 Paprika und Sauce über das Fleisch geben.

7 Den Bräter mit Deckel oder Alufolie abdecken.

8 Den Backofen auf 190 °C vorheizen. Etwa 1½ Stunde im Backofen auf mittlerer Schiene garen, bis das Hühnerfleisch zart ist. Sofort servieren.

Tipp

Dieses Gericht schmeckt auch hervorragend mit Käse überbacken: Bestreuen Sie den Eintopf etwa 30 Minuten vor Ende der Garzeit mit geriebenem Käse und lassen Sie ihn aufgedeckt fertig garen.

2   4   6

EINTÖPFE & BRATEN

Jamaikanischer Hühnereintopf

Eintöpfe eignen sich immer gut für ein Familienessen oder aber für hungrige Partygäste. Dieses exotische Gericht hat ein angenehmes Ingweraroma.

EINTÖPFE & BRATEN

Für 4 Personen

2 EL Sonnenblumenöl

4 Hähnchenunterkeulen

4 Hähnchenoberkeulen

1 Zwiebel

750 g Kürbis

1 grüne Paprika

2,5-cm-Stück Ingwerwurzel, fein gehackt

400 g gewürfelte Tomaten aus der Dose

300 ml Hühnerbrühe

60 g rote Linsen

Knoblauchsalz

Cayennepfeffer

350 g Mais aus der Dose, abgetropft

ofenfrisches Brot, zum Servieren

4 Den Backofen auf 190 °C vorheizen. Alles abdecken und 1 Stunde im Ofen garen, bis Gemüse und Hühnerfleisch zart sind und beim Einstechen des Fleischs klarer Saft austritt.

5 Den Mais zufügen und 5 Minuten garen. Würzen und mit ofenfrischem Brot servieren.

1 Das Öl in einem großen, ofenfesten Topf erhitzen und das Hühnerfleisch darin unter häufigem Wenden rundum goldbraun anbraten.

2 Die Zwiebel schälen und in Ringe schneiden. Den Kürbis schälen und würfeln. Die Paprika entkernen und in Streifen schneiden.

3 Überschüssiges Fett aus dem Topf abgießen. Zwiebel, Kürbis und Paprika zugeben und einige Minuten leicht anbraten. Ingwer, Tomaten, Brühe und Linsen zufügen und mit Knoblauchsalz und Cayennepfeffer leicht würzen.

Variation

Wenn Sie keine frische Ingwerwurzel erhalten, verwenden Sie für ein herzhaftes Aroma 1 TL Piment.

Variation

Anstelle der Kürbiswürfel können Sie auch gewürfelte Steckrüben verwenden.

Ländlicher Hühnertopf

Beim Gedanken an diesen herrlich wärmenden Hühnertopf freut man sich schon fast auf den Winter. Kräuter und Gemüse können Sie nach Ihrem Geschmack variieren.

EINTÖPFE & BRATEN

Für 4 Personen

4 Hühnerviertel

6 mittelgroße Kartoffeln, in 5 mm dünne Scheiben geschnitten

Salz und Pfeffer

2 frische Thymianzweige

2 frische Rosmarinzweige

2 Lorbeerblätter

200 g durchwachsener Räucherspeck, gewürfelt

1 große Zwiebel, fein gehackt

200 g Karotten, in Scheiben geschnitten

150 ml Stout oder Dunkelbier

25 g Butter, zerlassen

2

4

3

1 Die Hühnerviertel nach Wunsch häuten.

2 Den Boden einer großen Kasserolle mit einer Lage Kartoffelscheiben bedecken. Mit Salz, Pfeffer, Thymian, Rosmarin und Lorbeerblättern würzen.

3 Die Hühnerviertel auflegen und mit Speckwürfeln, Zwiebel und Karotten bedecken. Kräftig würzen und mit den restlichen Kartoffelscheiben so bedecken, dass diese sich leicht überlappen.

4 Mit Bier übergießen. Die Kartoffeln mit der Butter bestreichen und die Kasserolle abdecken.

5 Den Backofen auf 150 °C vorheizen. 2 Stunden im Ofen garen, dann aufdecken und weitere 30 Minuten garen, bis die Kartoffeln gebräunt sind. Heiß servieren.

Tipp

Mit Klößen als Beilage wird dieser Hühnertopf zu einer rundum herzhaften Mahlzeit.

Variation

Sie können dieses Gericht auch mit Lammfleisch zubereiten. Variieren Sie die Gemüsesorten je nach dem frischen Angebot der Saison: Porree und Steckrüben geben einen etwas süßeren Geschmack.

Französisches Madeirahuhn

Madeiraweine sind in der Regel Verschnitte verschiedener Jahrgänge. Man kann sie – je nach Rebsorte – für herzhafte Gerichte und für Süßspeisen verwenden.

Für 8 Personen

25 g Butter
20 Perlzwiebeln
250 g Karotten, in Scheiben geschnitten
250 g durchwachsener Räucherspeck, gewürfelt
250 g Champignons
1 Poularde (ca. 1,5 kg)
425 ml Weißwein
25 g Mehl, mit Salz und Pfeffer gewürzt
425 ml Hühnerbrühe
Salz und Pfeffer
1 Bouquet garni
150 ml Madeirawein
Kartoffelpüree oder Nudeln, zum Servieren

1 Die Butter in einer großen Pfanne zerlassen und Zwiebeln, Karotten, Speck und Champignons unter häufigem Rühren 3 Minuten darin dünsten. Anschließend in eine große Kasserolle geben.

2 Die Poularde in der Pfanne rundum goldbraun anbraten. Dann in den Topf auf das Gemüse geben.

4

2

3 Den Weißwein zugießen, aufkochen und fast vollständig einkochen lassen.

4 Unter Rühren mit dem Mehl bestreuen, damit es keine Klumpen bildet.

5 Die Hühnerbrühe zugießen, mit Salz und Pfeffer abschmecken und das Bouquet garni zufügen. Abdecken und 2 Stunden kochen. Etwa 30 Minuten vor Ende der Garzeit den Madeira zugießen und aufgedeckt fertig kochen. Das Bouquet garni entfernen.

6 Die Poularde tranchieren und mit dem Gemüse und Kartoffelpüree oder Nudeln servieren.

3

Tipp

Dieses Rezept können Sie mit den verschiedensten Kräutern in unterschiedlichen Kombinationen zubereiten. In der französischen Küche ist Kerbel sehr beliebt. Er sollte erst kurz vor Ende der Garzeit zugefügt werden, da er sonst sein Aroma verliert. Gut zu Huhn passen auch Petersilie und Estragon.

EINTÖPFE & BRATEN

Californiahuhn

Am besten gelingt dieses Gericht, wenn Sie sich die Zeit nehmen, das Huhn komplett zu entbeinen. Alternativ können Sie Hähnchenbrustfilets verwenden.

Für 4–6 Personen

180 g Mehl
1 TL Paprikapulver
1 TL italienische Gewürzmischung
1 TL getrockneter Estragon
1 TL frisch gehackter Rosmarin
1 Prise Salz
2 Eier, verquirlt
120 ml Milch
1 Poularde (ca. 2 kg), zerteilt
Mehl, mit Salz und Pfeffer gewürzt
150 ml Rapsöl
2 Bananen, geviertelt
1 Apfel, entkernt und in Ringe geschnitten
350 g Mais aus der Dose, abgetropft
Öl, zum Braten

ZUM SERVIEREN

Brunnenkresse
Pfeffer- oder Meerrettichsauce

1 Mehl, Gewürze, Kräuter und 1 Prise Salz in einer Schüssel vermischen. Eine Mulde ins Mehl drücken und die Eier hineingeben.

2 Mischen und unter kräftigem Rühren Milch zugießen, bis ein dickflüssiger Teig entsteht.

3 Die Hühnerteile im Würzmehl wenden und dann in den Teig tauchen.

4 Das Rapsöl in einer großen Pfanne erhitzen und die Hühnerteile darin 3 Minuten rundum leicht anbraten. Auf ein mit Backpapier ausgelegtes Backblech geben.

5 Bananenviertel und Apfelringe in den Teig tauchen und anschließend 2 Minuten von beiden Seiten ausbacken.

6 Den Mais in den restlichen Teig geben.

7 Etwas Öl in einer Pfanne erhitzen, mit einem Löffel den Maisteig in die Pfanne geben und zu Plätzchen drücken. Von beiden Seiten je 4 Minuten backen.

8 Bananen, Äpfel und Maisplätzchen warm stellen. Den Backofen auf 200 °C vorheizen. Die Poularde im Ofen 25 Minuten goldbraun backen.

9 Fleisch, Maisplätzchen, Bananen und Apfelringe auf einem Bett aus Brunnenkresse anrichten und mit Pfeffer- oder Meerrettichsauce servieren.

3

1

7

EINTÖPFE & BRATEN

Hühnchen-Bauerntopf

Für diesen deftigen Bauerntopf brauchen Sie keine zusätzliche Beilage. Mit den knusprig gerösteten Baguettescheiben können Sie die Sauce wunderbar auftunken.

Für 4 Personen

2 EL Sonnenblumenöl

4 Hühnerviertel

16 kleine Zwiebeln

3 Selleriestangen, in Scheiben geschnitten

400 g Kidney-Bohnen aus der Dose, abgetropft

4 Tomaten, geviertelt

200 ml trockener Cidre oder Hühnerbrühe

4 EL frisch gehackte Petersilie

Salz und Pfeffer

1 TL Paprikapulver

60 g Butter

12 Scheiben Baguette

Tipp

Kneten Sie eine zerdrückte Knoblauchzehe mit in die Petersilienbutter.

Variation

Eine italienische Note erhält dieses Hühnchengericht, wenn Sie die Baguettescheiben mit Pesto bestreichen.

2

2

1 Das Öl in einem ofenfesten Topf erhitzen und je zwei Hühnerviertel darin rundum goldbraun anbraten. Mit einem Schaumlöffel herausheben und beiseite stellen.

2 Die Zwiebeln in den Topf geben und unter gelegentlichem Rühren goldbraun anbraten. Den Sellerie zufügen und weitere 2–3 Minuten braten. Das Fleisch wieder zugeben und Bohnen, Tomaten, Cidre oder Brühe und 2 Esslöffel Petersilie einrühren. Mit Salz und Pfeffer würzen und mit Paprikapulver bestreuen.

3 Den Backofen auf 200 °C vorheizen. Den Eintopf abdecken und 25 Minuten garen, bis beim Einstechen der Hühnerviertel klarer Fleischsaft austritt.

4

4 Die restliche Petersilie mit der Butter verkneten und das Brot damit bestreichen.

5 Den Topf aufdecken, den Eintopf mit dem Brot überlappend belegen und weitere 10–12 Minuten knusprig überbacken.

EINTÖPFE & BRATEN

197

Huhn im Käsemantel

Käse und Senf sind immer eine herrliche Kombination. Hier bekommen Hähnchenbrustfilets im Ofen einen wunderbar knusprigen Mantel.

Für 4 Personen

1 EL Milch
2 EL Senf
60 g frisch geriebener reifer Gouda
3 EL Mehl
2 EL frisch gehackter Schnittlauch
4 Hähnchenbrustfilets

ZUM SERVIEREN

Ofenkartoffeln
frisches Gemüse oder knackiger Salat

1

3

2

1 Milch und Senf in einer Schüssel verrühren. In einem zweiten Schälchen Käse, Mehl und Schnittlauch mischen.

2 Die Hähnchenbrustfilets in der Senfmilch wenden und gründlich damit bestreichen.

3 Anschließend gut in der Käsemischung wenden. Auf ein Backblech legen und mit übrig gebliebener Panade bedecken.

4 Den Backofen auf 200 °C vorheizen. Die Hähnchenbrustfilets 30–35 Minuten im Ofen goldbraun backen, bis beim Einstechen klarer Fleischsaft austritt. Heiß oder kalt servieren. Dazu passen Ofenkartoffeln und frisches Gemüse oder auch ein knackiger Salat.

Variation

Die Würze können Sie mit der Wahl der Senfsorte bestimmen. Einen pikanten Geschmack erhalten Sie mit einem französischen Senf. Meaux-Senf ist körnig mit einem warmen, würzigen Geschmack, während Dijon-Senf mittelscharf und leicht säuerlich schmeckt.

Tipp

Kräuter sollte man einfrieren, um Farbe, Geschmack und Nährstoffe zu erhalten. Bewahren Sie Kräuter in Gefrierbeuteln auf und entnehmen Sie sie portionsweise bei Bedarf. Getrocknete Kräuter sind kein gleichwertiger Ersatz für frische oder tiefgefrorene.

Fetahuhn mit Bergkräutern

Huhn harmoniert eigentlich mit fast allen frischen Kräutern. Besonders aromatisch sind diese natürlich im Sommer. Hier werden sie mit Feta und sonnengereiften Tomaten kombiniert.

EINTÖPFE & BRATEN

Für 4 Personen

8 Hähnchenoberkeulen, entbeint

je 2 EL frisch gehackter Thymian, Rosmarin und Oregano

125 g Feta

Salz und Pfeffer

1 EL Milch

2 EL Mehl

frischer Thymian, Rosmarin und Oregano, zum Garnieren

TOMATENSAUCE

1 Zwiebel, grob gehackt

1 Knoblauchzehe, zerdrückt

1 EL Olivenöl

4 Eiertomaten, geviertelt

je 1 Zweig frischer Thymian, Rosmarin und Oregano

Salz und Pfeffer

2

3

6

1 Das Fleisch mit der Außenseite nach unten auf einem Brett ausbreiten.

2 Die Kräuter gleichmäßig auf den Hähnchenoberkeulen verteilen. Den Käse in 8 Streifen schneiden. Dann jedes Stück Hühnerfleisch mit einem Stück Käse belegen und mit Salz und Pfeffer würzen. Anschließend das Fleisch um den Käse herum aufrollen.

3 Die Röllchen in einen Bräter geben, mit Milch bestreichen und mit Mehl bestreuen.

4 Den Backofen auf 190 °C vorheizen. 25–30 Minuten im Ofen goldbraun backen, bis beim Einstechen klarer Fleischsaft austritt.

5 Unterdessen für die Sauce Zwiebel und Knoblauch in Olivenöl andünsten und zart bräunen.

6 Die Tomaten zufügen, die Hitze reduzieren, abdecken und 15–20 Minuten köcheln, bis die Tomaten gar sind.

7 Die Kräuter zufügen und die Sauce im Mixer glatt pürieren. Anschließend alles durch ein Sieb passieren. Die Sauce mit Salz und Pfeffer abschmecken. Die gefüllten Fleischstücke mit den Kräutern garnieren und mit der Tomatensauce servieren.

EINTÖPFE & BRATEN

Poularde mit Zucchini-Limetten-Füllung

In diesem köstlichen Rezept wird eine Frischkäsefüllung unter die Brusthaut der Poularde gedrückt. Dadurch wird das Fleisch herrlich aromatisch und saftig.

Für 6 Personen

1 Poularde (ca. 2 kg)

Öl, zum Bestreichen

250 g Zucchini

25 g Butter

Saft von 1 Limette

FÜLLUNG

90 g Zucchini

90 g Frischkäse

abgeriebene Schale von 1 Limette

2 EL frische Semmelbrösel

Salz und Pfeffer

Tipp

Die Zucchini garen noch schneller, wenn man sie in Schritt 5 fein reibt, statt sie in Streifen zu schneiden.

2

3

1 Die Zucchini für die Füllung grob reiben, mit Käse, Limettenschale und Semmelbröseln mischen und mit Salz und Pfeffer würzen.

2 Die Brusthaut der Poularde vorsichtig lösen.

3 Die Füllung gleichmäßig unter die Brusthaut geben und die Haut wieder andrücken.

4 Den Backofen auf 190 °C vorheizen. Die Poularde in einen Bräter geben und mit Öl bestreichen. Für die Garzeit im Ofen rechnet man 20 Minuten pro 500 g plus weitere 20 Minuten. Das Fleisch ist gar, wenn beim Einstechen klarer Saft austritt.

5

5 Die restlichen Zucchini putzen und mit dem Sparschäler in lange, dünne Streifen schneiden. In Butter und Limettensaft andünsten, bis das Gemüse zart ist, und mit der Poularde servieren.

EINTÖPFE & BRATEN

Pollo Catalan

In Katalonien liebt man es, Fleisch und Früchte in ausgefallenen Rezepten miteinander zu kombinieren. Hier gehen Pfirsiche, Pinienkerne, Zimt und Sherry eine ungewöhnliche Verbindung ein.

EINTÖPFE & BRATEN

Für 6 Personen

60 g frische Vollkorn-Semmelbrösel

60 g Pinienkerne

1 kleines Ei, verquirlt

4 EL frisch gehackter Thymian oder
 1 EL getrockneter Thymian

4 frische Pfirsiche oder
 8 Pfirsichhälften aus der Dose

Salz und Pfeffer

1 Poularde (ca. 2,5 kg)

1 TL Zimt

200 ml Sherry

4 EL Schlagsahne

1

4

3

6 Die restlichen Pfirsichhälften mit den restlichen Pinienkernen bestreuen, in eine Form geben und die letzten 10 Minuten mit in den Ofen geben.

7 Die Poularde auf einen Servierteller geben und mit den Pfirsichhälften garnieren. Das Fett vom Bratensaft abschöpfen, die Sahne in den Bratensaft geben und sanft erhitzen. Die Sauce zum Huhn servieren.

1 Die Semmelbrösel mit 25 g Pinienkernen, Ei und Thymian mischen.

2 Die frischen Pfirsiche halbieren, entsteinen und falls nötig häuten. Das Fruchtfleisch von 1 Pfirsich fein würfeln, zu den Semmelbröseln geben, salzen und pfeffern. Die Masse in die Halsöffnung der Poularde geben und den Hautlappen darüber befestigen.

3 Die Poularde in einen Bräter geben und mit Salz und Zimt bestreuen.

4 Den Backofen auf 190 °C vorheizen. Die Poularde mit Alufolie abdecken und 1 Stunde im Ofen garen. Mehrfach mit Bratensaft übergießen.

5 Die Alufolie abnehmen und die Poularde mit Sherry übergießen. Weitere 30 Minuten unter mehrfachem Übergießen backen, bis beim Einstechen klarer Fleischsaft austritt.

Tipp

Dieses Rezept können Sie auch mit in Saft eingelegten Aprikosenhälften zubereiten.

EINTÖPFE & BRATEN

Schottisches Whiskyhuhn

Ungewöhnlich ist sie schon, diese schottisch inspirierte Variante eines gefüllten Huhns, aber unglaublich lecker.

Für 6 Personen

1 Poularde (ca. 2 kg)
Öl, zum Bestreichen
1 EL Heidehonig
2 EL schottischer Whisky
2 El Mehl
300 ml Hühnerbrühe

FÜLLUNG
1 Selleriestange, in dünne
    Streifen geschnitten
1 Zwiebel, fein gehackt
25 g Butter oder 1 EL Sonnenblumenöl
1 TL Thymian
4 EL Haferflocken
4 EL Hühnerbrühe
Salz und Pfeffer
grünes Gemüse und sautierte Kartoffeln,
    zum Servieren

2

3

4 Den Honig mit 1 Esslöffel Whisky vermischen und die Poularde damit bestreichen. Die Poularde weitere 20 Minuten im Ofen garen, bis sie goldbraun ist und beim Einstechen klarer Fleischsaft austritt.

5 Die Poularde auf einen Servierteller geben. Das Fett vom Bratensaft abschöpfen und das Mehl in den Bratensaft einrühren. Unter Rühren aufkochen, dann die Brühe und den restlichen Whisky zugießen.

6 Die Sauce unter Rühren aufkochen und 1 Minute köcheln. Die Poularde mit der Sauce, grünem Gemüse und sautierten Kartoffeln servieren.

5

1 Für die Füllung Sellerie und Zwiebel in Butter oder Öl unter Rühren bei mittlerer Hitze dünsten und leicht bräunen.

2 Vom Herd nehmen und Thymian, Haferflocken und Brühe zugeben und mit Salz und Pfeffer würzen.

3 Den Backofen auf 190 °C vorheizen. Die Füllung in die Halsöffnung geben und den Hautlappen darüber schlagen. Die Poularde in einen Bräter geben, mit Öl bestreichen und 1 Stunde im Ofen braten.

206

EINTÖPFE & BRATEN

Parmesanhuhn

Es ist eigentlich nicht allzu schwierig, ein Huhn zu entbeinen, aber wenn Sie davor zurückschrecken, fragen Sie doch einfach den Metzger Ihres Vertrauens.

EINTÖPFE & BRATEN

Für 6 Personen

1 Poularde (ca. 2 kg)

8 Scheiben Mortadella oder Salami

125 g frische weiße oder
   Vollkorn-Semmelbrösel

125 g frisch geriebener Parmesan

2 Knoblauchzehen, zerdrückt

6 EL frisch gehacktes Basilikum
   oder frisch gehackte Petersilie

Pfeffer

1 Ei, verquirlt

Olivenöl, zum Bestreichen

frisches Frühlingsgemüse, zum Servieren

Variation

Sie können anstelle von Mortadella oder Salami durchwachsenen Speck verwenden.

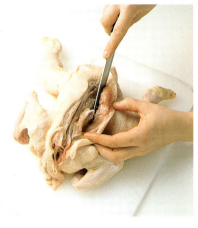

1

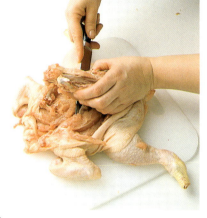

2

1 Das Huhn vollständig entbeinen, ohne die Haut abzuziehen. Die Keulen aus den Gelenken drehen. Entlang dem Rückgrat das Fleisch lösen, aber nicht bis zur Brusthaut durchschneiden.

2 Haut und Fleisch lösen, bis die Karkasse entfernt werden kann. An der Karkasse haftendes Fleisch mit einem scharfen Messer abschaben.

3 Das Fleisch von Flügel- und Beinknochen von innen lösen und die Knochen herausziehen.

4 Die entbeinte Poularde auf einem Brett mit der Hautseite nach unten ausbreiten. Die Mortadella oder Salami leicht überlappend auf die Poularde legen.

5 Semmelbrösel, Parmesan, Knoblauch, Basilikum oder Petersilie in einer Schale mischen und pfeffern. Das Ei einrühren. Anschließend die Mischung in der Mitte auf die Poularde geben, das Fleisch darüber falten und mit Küchengarn sorgfältig zusammenbinden.

6 Den Backofen auf 200 °C vorheizen. Die Poularde in einen Bräter geben und dünn mit Öl bestreichen. Etwa 1½ Stunden im Ofen backen, bis beim Einstechen klarer Fleischsaft austritt.

7 Die Poularde heiß oder kalt mit Frühlingsgemüse servieren.

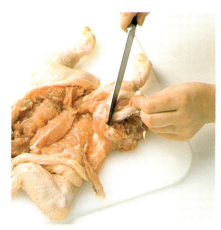

3

209

Hähnchen in Honig-Senf-Glasur

Die Hühnerteile werden zunächst mit einer delikaten Honig-Senf-Glasur bestrichen und schließlich mit knackigen Mohnsamen bestreut.

EINTÖPFE & BRATEN

1

Für 4–6 Personen

8 Hühnerteile

60 g Butter, zerlassen

4 EL milder Senf

4 EL Honig

2 EL Zitronensaft

1 TL Paprikapulver

Salz und Pfeffer

3 EL Mohnsamen

Tomaten-Mais-Salat, zum Servieren

3 5

1 Den Backofen auf 200 °C vorheizen. Die Hühnerteile mit der Hautseite nach oben auf ein großes Backblech legen.

2 Alle Zutaten außer dem Mohn in einer großen Schüssel gründlich mischen.

3 Die Hühnerteile mit der Hälfte der Glasur bestreichen.

4 Auf der mittleren Schiene im Backofen 15 Minuten backen.

5 Die Hühnerteile vorsichtig wenden und die Oberseite mit der restlichen Glasur bestreichen.

6 Die Hühnerteile mit Mohn bestreuen und weitere 15 Minuten backen.

7 Die gebackenen Hühnerteile auf einem Servierteller anrichten, mit dem Bratensaft übergießen und mit einem Tomaten-Mais-Salat servieren.

Tipp

Als Beilage können Sie auch mexikanischen Reis servieren: Den Reis 10 Minuten kochen, abgießen und 5 Minuten braten. Gehackte Zwiebeln, Knoblauch, Tomaten, Karotten und Chilipulver zugeben, 1 Minute braten, dann mit Brühe ablöschen. Aufkochen, abdecken und 20 Minuten köcheln. Bei Bedarf etwas Brühe nachgießen. 5 Minuten vor Ende der Garzeit die Erbsen zugeben.

EINTÖPFE & BRATEN

Hühnchenrouladen mit Schinken & Käse

Rote Bete ist von unserem Speisezettel weitgehend verschwunden.
Zu Unrecht, denn sie verleiht vielen Speisen Farbe und Geschmack.

Für 4 Personen

4 Hähnchenbrustfilets
8 frische Salbeiblätter
Salz und Pfeffer
250 g Stilton, in 8 Scheiben geschnitten
8 dünne Scheiben Kochschinken
8 Scheiben durchwachsener Speck
150 ml Hühnerbrühe
2 EL Portwein
24 Schalotten
500 g Rote Bete, gekocht
1 EL Speisestärke, mit ein wenig Portwein verrührt

1 In die Hähnchenbrustfilets längs eine Tasche einschneiden.

2 In jede Tasche je 2 Salbeiblätter geben und mit Salz und Pfeffer leicht würzen.

3 Jede Käsescheibe mit einer Scheibe Kochschinken umwickeln und je zwei Rollen in eine Hähnchenbrust geben. Die Hähnchenbrustfilets so mit dem Speck umwickeln, dass die Taschen verschlossen sind.

4 Die Hähnchenbrustfilets in einen Bräter geben und mit Hühnerbrühe und Portwein übergießen.

5 Den Backofen auf 190 °C vorheizen. Die Schalotten zum Fleisch in den Bräter geben, abdecken und 40 Minuten im Ofen garen.

6 Die Hähnchenbrustfilets vorsichtig in Scheiben schneiden und diese überlappend mit den Schalotten und der Roten Bete auf einem vorgewärmten Servierteller anrichten.

7 Den Bratensaft in einen Topf geben, aufkochen, vom Herd nehmen und die angerührte Speisestärke einrühren. Erneut 2 Minuten köcheln und dann über die Schalotten und die Rote Bete geben.

Variation

Sie können statt Stilton auch andere Blauschimmelkäsesorten verwenden, z. B. Gorgonzola oder Roquefort.

1

3

3

Poularde Gärtner-Art

Für dieses leckere Gericht können Sie Gemüsesorten nach Ihrem Geschmack auswählen. Zucchini, Porree und Zwiebeln beispielsweise schmecken ebenso gut.

EINTÖPFE & BRATEN

Für 4 Personen

1 Poularde (ca. 1,5 kg)
1 Bund frische Petersilie
½ Zwiebel
25 g weiche Butter
4 EL Olivenöl
500 g neue Kartoffeln, abgeschrubbt
500 g junge Karotten, geputzt
frisch gehackte Petersilie, zum Garnieren

FÜLLUNG
250 g Pastinaken, geschält und gehackt
120 g Karotten, geschält und gehackt
25 g frische Semmelbrösel
¼ TL frisch geriebene Muskatnuss
1 EL frisch gehackte Petersilie
Salz und Pfeffer

1 Für die Füllung Pastinaken und Karotten in einen Topf geben, halb mit Wasser bedecken und zum Kochen bringen. Abdecken und köcheln, bis das Gemüse gar ist. Abgießen und im Mixer oder in der Küchenmaschine glatt pürieren. Das Püree in eine Schüssel geben und abkühlen lassen.

2 Das Püree mit Semmelbröseln, Muskat und Petersilie mischen und kräftig mit Salz und Pfeffer würzen.

3 Die Füllung am Halsende in die Poularde geben und ein wenig unter die Brusthaut füllen. Den Hautlappen mit einem kleinen Metallspieß oder einem Zahnstocher feststecken.

4 Petersilie und Zwiebel in die Schwanzöffnung geben und die Poularde in einen Bräter legen.

5 Den Backofen auf 190 °C vorheizen. Die Haut der Poularde mit Butter bestreichen und würzen. Abdecken und 30 Minuten im Ofen garen.

6 Unterdessen das Öl in einer Pfanne erhitzen und die Kartoffeln rundum leicht anbräunen.

7 Kartoffeln und Karotten zur Poularde geben, die Poularde mit Bratensaft übergießen, abdecken und 1 weitere Stunde garen. Nach 30 Minuten Fleisch und Gemüse erneut mit Bratensaft übergießen. 20 Minuten vor Ende der Garzeit aufdecken. Das Gemüse mit Petersilie garnieren und mit der Poularde servieren.

3

4

2

Poularde mit Mango & Preiselbeeren

Bei diesem Rezept wird die Poularde zuvor teilweise entbeint, damit sie sich später besser schneiden und servieren lässt. Falls Ihnen dies zu aufwändig erscheint, können Sie sie auch auf traditionelle Weise am Halsende füllen.

Für 4 Personen

1 Poularde (ca. 2 kg)
6 Scheiben Räucherspeck, zu Röllchen aufgerollt
frisches Saisongemüse, zum Servieren

FÜLLUNG

1 reife Mango, gewürfelt
60 g frische Preiselbeeren oder Tiefkühlware aufgetaut
125 g Semmelbrösel
½ TL Muskatblüte
1 Ei, verquirlt
Salz und Pfeffer

GLASUR

½ TL gemahlene Kurkuma
2 TL Honig
2 TL Sonnenblumenöl

1 Die Poularde teilweise entbeinen: Die Keulen ausrenken und die Poularde mit der Brustseite nach unten legen. Mit einem Messer entlang dem Rückgrat einschneiden und das Fleisch auf beiden Seiten vom Knochen trennen.

2 An Flügeln und Keulen durch die Gelenke schneiden. Das Fleisch rund um den Brustkasten abtrennen, bis die Karkasse herausgehoben werden kann.

3 Für die Füllung alle Zutaten gründlich vermischen und mit Salz und Pfeffer abschmecken.

4 Die Poularde mit der Hautseite nach unten legen und die Hälfte der Füllung darauf geben. Die Speckröllchen in der Mitte aufreihen und mit dem Rest der Füllung bedecken. Die Haut der Poularde darüber falten und mit einem Faden zubinden. Die Poularde umdrehen, die Keulen dressieren und die Flügel unterschlagen. In einen Bräter geben. Die Zutaten für die Glasur gründlich mischen und die Poularde damit bestreichen.

5 Den Backofen auf 190 °C vorheizen. Die Poularde 1½–2 Stunden im Ofen backen, bis beim Einstechen klarer Fleischsaft austritt. Wenn die Poularde zu stark bräunt, abdecken. Heiß servieren. Dazu passt frisches Saisongemüse.

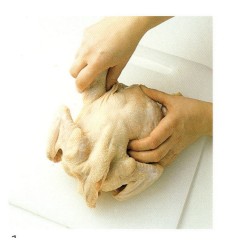

1

1

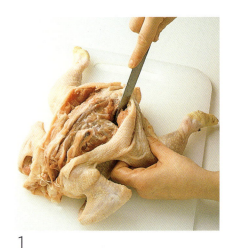

1

EINTÖPFE & BRATEN

Orangen-Sesam-Huhn

Dieses farbenfrohe und nahrhafte Schmorhuhn wird Ihre gesamte Familie satt und glücklich machen. Falls noch zusätzliche Gäste kommen, nehmen Sie einfach mehr Gemüse hinzu.

EINTÖPFE & BRATEN

ür 4 Personen

EL Sonnenblumenöl
Poularde (ca. 1,5 kg)
große Orangen
kleine Zwiebeln, geviertelt
0 g kleine Karotten, in 5 cm lange
 Stücke geschnitten
alz und Pfeffer
0 ml Orangensaft
EL Weinbrand
EL Sesamsaat
EL Speisestärke

Variation

Dieses Gericht erhält einen frischeren Zitrusgeschmack, wenn Sie Zitronen anstelle der Orangen verwenden. Geben Sie dann als Füllung noch einen frischen Thymianzweig zu.

1 Das Öl in einem großen Bräter erhitzen und die Poularde unter mehrfachem Wenden rundum goldbraun anbraten.

2 Eine Orange halbieren und eine Hälfte in die Schwanzöffnung der Poularde stecken. Die Poularde in den Bräter geben und Zwiebeln und Karotten zufügen.

2

3

4

3 Das Huhn kräftig mit Salz und Pfeffer würzen und mit dem Orangensaft übergießen.

4 Die restlichen Orangen in Spalten schneiden und zur Poularde geben.

5 Den Backofen auf 180 °C vorheizen. Den Bräter abdecken und 1½ Stunden im Ofen backen, bis das Gemüse gar ist und beim Einstechen der Poularde klarer Fleischsaft austritt. Aufdecken, mit dem Weinbrand übergießen, mit Sesam bestreuen und weitere 10 Minuten garen.

6 Das Huhn auf einen großen Servierteller legen und das Gemüse außen herum anrichten. Das Fett vom Bratensaft abschöpfen. Die Speisestärke mit 1 Esslöffel Wasser verrühren, in den Bratensaft geben und unter Rühren aufkochen. Die Sauce mit Salz und Pfeffer abschmecken und zur Poularde servieren.

EINTÖPFE & BRATEN

Festliches Apfelhuhn

Ein im Ganzen gebratenes Huhn ist immer ein Festessen. Besonders wenn es wie in diesem Rezept auch noch so köstlich gefüllt ist. Die Füllung hält das Fleisch während des Garens schön zart und saftig.

Für 6 Personen

1 Poularde (ca. 2 kg)
Öl, zum Bestreichen
2 Tafeläpfel, entkernt und in Spalten geschnitten
15 g Butter
1 EL rotes Johannisbeergelee
gemischtes Gemüse, zum Servieren

FÜLLUNG
15 g Butter
1 kleine Zwiebel, fein gehackt
60 g Champignons, fein gehackt
60 g Räucherschinken, fein gehackt
25 g frische Semmelbrösel
1 EL frisch gehackte Petersilie
1 Tafelapfel, entkernt
1 EL Zitronensaft
Salz und Pfeffer

1 Für die Füllung die Butter in einer Pfanne zerlassen und die Zwiebel unter Rühren darin andünsten, aber nicht bräunen. Die Champignons zufügen und weitere 2–3 Minuten dünsten. Vom Herd nehmen und Schinken, Semmelbrösel und Petersilie einrühren.

2 Den Apfel mit Schale grob reiben. Apfel und Zitronensaft mit der restlichen Füllung mischen und mit Salz und Pfeffer abschmecken.

3 Die Brusthaut der Poularde lösen und die Füllung vorsichtig mit einem Löffel darunter schieben. Die Haut anschließend mit der Hand vorsichtig glatt streichen.

4 Die Poularde in einen Bräter geben und leicht mit Öl bestreichen.

5 Den Backofen auf 190 °C vorheizen. Für die Garzeit der Poularde im Ofen rechnet man 20 Minuten pro 500 g plus weitere 20 Minuten. Die Poularde ist gar, wenn beim Einstechen klarer Fleischsaft austritt. Wenn das Fleisch zu stark bräunen sollte, mit etwas Alufolie abdecken.

6 Die Apfelspalten in Butter in der Pfanne langsam goldgelb glasieren. Den Johannisbeergelee zufügen und leicht erhitzen, bis er verläuft. Anschließend die Poularde mit den glasierten Apfelspalten garnieren und mit gemischtem Gemüse servieren.

Poularde mit Marmeladenfüllung

Sie können Ihre Lieblingsmarmelade, beispielsweise Zitronen- oder Grapefruitmarmelade, für dieses Gericht verwenden.

EINTÖPFE & BRATEN

Für 6 Personen

1 Poularde (ca. 2 kg)
1 Zweig Lorbeerblätter
Öl, zum Bestreichen
neue Kartoffeln, zum Servieren

FÜLLUNG

1 Selleriestange, fein gehackt
1 kleine Zwiebel, fein gehackt
1 EL Sonnenblumenöl
125 g frische Vollkorn-Semmelbrösel
4 EL Orangenmarmelade
2 EL frisch gehackte Petersilie
1 Ei, verquirlt
Salz und Pfeffer

SAUCE

2 TL Speisestärke
2 EL Orangensaft
3 EL Orangenmarmelade
150 ml Hühnerbrühe
1 Orange
2 EL Weinbrand

1

4

1 Die Halshaut der Poularde anheben und das Gabelbein mit einem kleinen scharfen Messer entfernen. Die Lorbeerblätter in die Öffnung geben.

2 Für die Füllung Sellerie und Zwiebel im Öl dünsten. Semmelbrösel, 3 Esslöffel Marmelade, Petersilie und Ei einrühren und mit Salz und Pfeffer würzen. Die Füllung in die Halsöffnung geben. Überschüssige Füllung kann separat gekocht werden.

3 Den Backofen auf 190 °C vorheizen. Die Poularde in einen Bräter geben und mit Öl bestreichen. 20 Minuten pro 500 g plus weitere 20 Minuten im Ofen braten, bis beim Einstechen klarer Fleischsaft austritt. Die Poularde aus dem Ofen nehmen und mit dem restlichen Esslöffel Marmelade bestreichen.

4 Unterdessen die Sauce zubereiten. Die Speisestärke in einem Topf mit dem Orangensaft verrühren und Marmelade und Brühe zufügen. Unter Rühren sanft erhitzen, bis die Sauce andickt. Vom Herd nehmen. Die Orange schälen, weiße Haut und Membranen entfernen und filetieren. Kurz vor dem Servieren Orangenfilets und Weinbrand in die Sauce geben und kurz aufkochen.

5 Die Poularde mit der Orangensauce und der übrigen Füllung servieren. Dazu schmecken neue Kartoffeln.

EINTÖPFE & BRATEN

Mediterraner Sonntagsbraten

Warum ist nicht jeden Tag Sonntag? Das fragt man sich beim Anblick dieser leckeren gefüllten Poularde, die mit Knoblauch, Kartoffeln und Gemüse im Ofen geschmort wird.

Für 6 Personen

1 Poularde (ca. 2,5 kg)

1 Knoblauchknolle

1 kg neue Kartoffeln, je nach Größe halbiert

je 1 rote, grüne und gelbe Paprika, entkernt und in Stücke geschnitten

3 Zucchini, in Scheiben geschnitten

frische Rosmarinzweige

2 EL Olivenöl

Salz und Pfeffer

2 EL Mehl

600 ml Hühnerbrühe

FÜLLUNG

1 frischer Rosmarinzweig

180 g grob geriebener Feta

2 EL Pesto rosso

60 g weiche Butter

Salz und Pfeffer

2

4

3

3 Die Knoblauchknolle in Zehen zerteilen, aber nicht schälen. Das Gemüse nach 40 Minuten Garzeit zur Poularde geben.

4 Die Poularde mit Öl beträufeln, einige Rosmarinzweige zufügen und mit Salz und Pfeffer würzen. Wieder in den Ofen geben und 40 Minuten vor Ende der Garzeit aufdecken.

5 Die Poularde mit einem Teil des Gemüses auf eine große Servierplatte geben. Das restliche Gemüse in eine vorgewärmte Schüssel geben. Den Bratensaft in einen Topf gießen, das Mehl einrühren, 2 Minuten kochen und langsam die Brühe zugießen. Unter Rühren aufkochen, bis die Sauce andickt. Durch ein Sieb in eine Sauciere abseihen und mit Fleisch und Gemüse servieren.

1 Die Poularde unter kaltem Wasser waschen und gut abtropfen. Die Haut am Halsende mit einem scharfen Messer sorgfältig vom Brustfleisch lösen und dann mit den Fingern vorsichtig weiter lösen, bis eine große Tasche bis hinunter zu den Beinen entsteht.

2 Den Backofen auf 190 °C vorheizen. Die Rosmarinblätter abzupfen, mit Feta, Pesto rosso und Butter mischen und mit Salz und Pfeffer abschmecken. Die Füllung in die Hauttasche geben. Die Poularde in einen großen Bräter legen, mit Alufolie abdecken und 20 Minuten pro 500 g plus 20 Minuten im Ofen garen.

EINTÖPFE & BRATEN

Honig-Zitrus-Huhn

Serviert mit einem grünen Salat und Ofenkartoffeln ist dieses fettarme Rezept ideal für die Sommerzeit. Indem Sie die Poularde längs einschneiden und flach drücken, verringert sich die Zubereitungszeit auf unter 1 Stunde.

EINTÖPFE & BRATEN

Für 4 Personen

1 Poularde (ca. 2 kg)

Salz und Pfeffer

frische Estragonzweige, zum Garnieren

MARINADE

300 ml Orangensaft

3 EL Apfelessig

3 EL flüssiger Honig

2 EL frisch gehackter Estragon

2 Orangen, in Spalten geschnitten

SAUCE

1 Hand voll frische Estragonzweige, gehackt

200 g Magerquark

2 EL Orangensaft

1 TL flüssiger Honig

60 g gefüllte Oliven, gehackt

1

2

1 Die Poularde mit der Brustseite nach unten auf ein Schneidebrett legen. Die Oberseite entlang dem Rückgrat mit einer Geflügelschere zerteilen. Aber Vorsicht: Nicht bis zum Brustbein durchschneiden.

2 Die Poularde unter kaltem Wasser abspülen, abtropfen und mit der Brustseite nach oben auf das Brett legen. Die Poularde flach drücken und die Beinenden abschneiden.

3 Zwei Holzspieße diagonal durch die Poularde stechen. Die Haut mit Salz und Pfeffer würzen.

4 Alle Zutaten für die Marinade bis auf die Orangenspalten in eine Schüssel geben, verrühren und die Poularde zugeben. Abdecken und 4 Stunden kalt stellen. Die Poularde mehrfach wenden.

5 Unterdessen alle Zutaten für die Sauce vermischen und abschmecken. Abdecken und kalt stellen.

6 Den Backofen auf 200 °C vorheizen. Die Marinade in einen Bräter geben. Die Spieße aus der Poularde ziehen und das Fleisch in die Marinade geben. Die Orangenspalten um die Poularde legen. 25 Minuten im Ofen backen. Die Poularde wenden und weitere 20–30 Minuten backen, bis sie goldbraun ist und beim Einstechen klarer Fleischsaft austritt. Mehrfach übergießen. Mit Estragon garnieren und mit der Sauce servieren.

3

227

EINTÖPFE & BRATEN

Hähnchenbrustfilet mit Pfannentoast

Wenn Sie im Spätsommer Ihre Johannisbeeren ernten, können Sie diese gleich für ein wunderbares Rezept verwenden. Huhn, Speck und Johannisbeeren gehen eine unvergleichliche Verbindung ein.

Für 8 Personen

60 g Butter

Saft von 1 Zitrone

250 g rote Johannis- oder Preiselbeeren

1–2 EL Muskovado-Zucker

Salz und Pfeffer

8 Hähnchenbrustfilets oder Suprêmes

16 Scheiben durchwachsener Speck

Thymian (s. Tipp)

60 g Bratfett

4 Scheiben Toastbrot, in Dreiecke geschnitten

Tipp

Sie können für dieses Rezept sowohl frischen als auch getrockneten Thymian verwenden. Da getrocknete Kräuter intensiver schmecken, benötigt man etwa die Hälfte weniger als bei frischen Kräutern.

1

2

1 Die Butter in einem Topf zerlassen, Zitronensaft, rote Johannis- oder Preiselbeeren und Zucker zufügen und mit Salz und Pfeffer würzen. 1 Minute kochen und zum Abkühlen beiseite stellen.

2 Das Hühnerfleisch mit Salz und Pfeffer würzen. Jedes Hähnchenbrustfilet mit je 2 Scheiben Speck umwickeln und mit Thymian bestreuen.

3 Den Backofen auf 200 °C vorheizen. Jedes Hähnchenbrustfilet in ein Stück Alufolie einwickeln und in einen Bräter geben. 15 Minuten im Ofen garen, aus der Folie nehmen und weitere 10 Minuten backen.

4

4 Das Fett in einer Pfanne erhitzen und die Brotscheiben von beiden Seiten goldbraun rösten.

5 Je ein Brotdreieck auf einen großen Teller legen, je ein Hähnchenbrustfilet darauf anrichten und mit einem Löffel der Fruchtsauce servieren.

Brathähnchen mit Koriander & Knoblauch

Dieses appetitliche Hähnchen wird mit einer köstlichen Marinade überzogen und im Ofen gegart. Als leichtere Variante servieren Sie dazu Reis, Joghurt und Salat.

Für 4–6 Personen

3 frische Korianderzweige, gehackt

4 Knoblauchzehen, grob gehackt

½ TL Salz

1 TL Pfeffer

4 EL Zitronensaft

4 EL Olivenöl

1 großes Hähnchen

Pfeffer

1 frischer Petersilienzweig, zum Garnieren

ZUM SERVIEREN

gekochte Kartoffeln

Karotten

Tipp

Zum Zerreiben kleiner Gewürzmengen eignet sich der Mörser am besten, da er klein ist und dadurch wenig im Gefäß zurückbleibt.

Variation

Sie können den Koriander durch viele verschiedene Kräuter ersetzen. Estragon und Thymian passen beispielsweise sehr gut zu Hähnchen.

1

2

1. Koriander, Knoblauch, Salz, Pfeffer, Zitronensaft und Olivenöl im Mörser oder Mixer zerkleinern und vermischen. 4 Stunden kalt stellen, damit sich das Aroma entfalten kann.

2. Das Hähnchen in einen Bräter geben und großzügig mit der Kräutermischung bestreichen.

3. Den Backofen auf 190 °C vorheizen. Das Hähnchen mit Pfeffer bestreuen und 1½ Stunden im Ofen auf unterer Schiene braten. Alle 20 Minuten mit der Kräutermischung bestreichen. Wenn das Hähnchen zu stark bräunt, mit Alufolie abdecken. Mit frischer Petersilie garnieren und mit Kartoffeln und Karotten servieren.

3

EINTÖPFE & BRATEN

Stubenküken mit Trockenobst

Ein Stubenküken eignet sich wunderbar als Portion für eine Person und lässt sich schnell zubereiten. Falls Sie nur für sich selbst kochen, empfiehlt sich die Zubereitung in der Mikrowelle.

Für 2 Personen

125 g getrocknete Äpfel, Pfirsiche und Pflaumen
120 ml kochendes Wasser
2 Stubenküken
25 g Walnusshälften
1 EL Honig
1 TL gemahlener Piment
1 EL Walnussöl
Salz und Pfeffer

ZUM SERVIEREN
frisches Gemüse
neue Kartoffeln

1. Das Trockenobst in einer Schüssel mit dem kochenden Wasser bedecken und mindestens 30 Minuten quellen lassen.

2. Die Stubenküken nach Wunsch mit einem scharfen Messer entlang dem Brustbein halbieren oder ganz lassen.

3. Das gequollene Obst samt Wasser in der Schüssel mit Walnusshälften, Honig und Piment vermischen und auf zwei Backschläuche oder große Quadrate aus Alufolie verteilen.

4. Die Stubenküken mit Walnussöl bestreichen, mit Salz und Pfeffer würzen und auf das Obst geben.

5. Den Backofen auf 190 °C vorheizen. Die Backschläuche verschließen oder die Alufolie zufalten und auf ein Backblech legen. 25–30 Minuten im Ofen garen, bis beim Einstechen klarer Fleischsaft austritt. Für die Zubereitung in der Mikrowelle die Obstmischung und die Stubenküken in Mikrowellen-Bratschläuche geben und auf hoher Stufe je nach Größe jeweils 6–7 Minuten garen.

6. Die Stubenküken heiß mit frischem Gemüse und neuen Kartoffeln servieren.

Tipp

Sie können dieses Rezept auch mit getrockneten Kirschen, Mangos und Papayas zubereiten.

1

3

5

EINTÖPFE & BRATEN

Frühlings-Stubenküken

Stubenküken sind einfach zuzubereiten. Schon nach 30 Minuten im Ofen sind sie servierfertig und lassen sich ohne Mühe mit einem scharfen Messer zerteilen. Berechnen Sie eins pro Person.

EINTÖPFE & BRATEN

Für 4 Personen

5 EL frische Vollkorn-Semmelbrösel

200 g Crème fraîche

5 EL frisch gehackte Petersilie

5 EL frisch gehackter Schnittlauch

Salz und Pfeffer

4 Stubenküken

1 EL Sonnenblumenöl

700 g junges Frühlingsgemüse, in kleine Stücke geschnitten (z. B. Karotten, Zucchini, Zuckererbsen, Mais, weiße Rüben)

120 ml kochende Hühnerbrühe

2 TL Speisestärke

150 ml trockener Weißwein

1 Semmelbrösel, ein Drittel der Crème fraîche und je 2 Esslöffel der Petersilie und des Schnittlauchs in einer Schüssel mischen. Mit Salz und Pfeffer würzen und in die Halsöffnung der Stubenküken füllen. Die Stubenküken auf einem Rost in einen Bräter setzen, mit Öl bestreichen und gut würzen.

2

3

5

2 Den Backofen auf 190 °C vorheizen. Die Stubenküken 30–35 Minuten im Ofen braten, bis beim Einstechen klarer Fleischsaft austritt.

3 Das Gemüse in einer Lage in eine flache Auflaufform geben und die Hälfte der restlichen Kräuter mit der Brühe zufügen. Abdecken und 25–30 Minuten im Ofen garen, bis das Gemüse zart ist. Abgießen, die Kochflüssigkeit auffangen und warm stellen.

4 Die Stubenküken auf einzelne Teller legen. Das Fett vom Bratensaft im Bräter abschöpfen und den Gemüsesaft zugießen.

5 Die Speisestärke mit dem Wein vermischen und mit der restlichen Crème fraîche in die Sauce rühren. Unter Rühren aufkochen. Die restlichen Kräuter zugeben und mit Salz und Pfeffer abschmecken. Die Sauce über die Stubenküken geben und mit dem Gemüse servieren.

GRILLEN & SCHLEMMEN

Es gibt nichts Köstlicheres als das zarte Fleisch und die knusprige Haut eines Hähnchens, das zunächst in einer duftenden Marinade aus Öl, Kräutern und Gewürzen eingelegt und dann über dem offenen Feuer gegrillt wird. Sehr delikat sind auch asiatische Marinaden aus Joghurt und aromatischen Gewürzen oder aus Sojasauce, Sesamöl und frischer Ingwerwurzel. Dieses Kapitel bietet Ihnen einige aufregende Rezepte wie Hühnchenspieße in Brombeersauce oder Hühnchenrollen am Spieß: kleine Röllchen aus Hühnerfleisch, Schinken und Basilikum. Zudem finden Sie Rezepte wie Stubenküken mit Zitrone und Estragon, die sowohl vom Grill als auch aus dem Backofen gut schmecken. Darüber hinaus gibt es ausgefallene Rezepte wie gegrilltes Minzehuhn mit einer Auswahl an gegrilltem Gemüse. Das Gemüse wird mit Öl beträufelt und mit ofenfrischem Brot serviert, das man in den köstlichen Bratensaft tunken kann.

Grillen & Schlemmen

Tandoori-Hühnchen

Traditionell wird in Indien dieses Gericht im Tandoori, einem Lehmofen, zubereitet, der den Spießen sein besonderes Aroma verleiht.

GRILLEN & SCHLEMMEN

Ergibt 6 Portionen

4 Hähnchenbrustfilets

½ TL Salz

4 EL Zitronen- oder Limettensaft

Öl, zum Bestreichen

MARINADE

150 g magerer Naturjoghurt

2 Knoblauchzehen, zerdrückt

2,5-cm-Stück Ingwerwurzel,
   geschält und gerieben

1 TL gemahlener Kreuzkümmel

1 TL Chilipulver

½ TL gemahlener Koriander

½ TL gemahlene Kurkuma

SAUCE

150 g magerer Naturjoghurt

1 TL Minzsauce

Variation

Die Marinade lässt sich auch für Hähnchenschenkel verwenden. Diese 30–40 Minuten auf einem nicht zu heißen Grill garen, bis beim Einstechen klarer Fleischsaft austritt.

1

2

3

1 Das Fleisch in 2,5 cm große Würfel schneiden. Mit Salz bestreuen und mit Zitronensaft beträufeln. 10 Minuten ruhen lassen.

2 Für die Marinade alle Zutaten in einer kleinen Schüssel verrühren.

3 Die Fleischwürfel auf Spieße stecken und mit der Marinade bestreichen. Abgedeckt im Kühlschrank mindestens 2 Stunden oder am besten über Nacht marinieren.

4 Die Fleischspieße auf dem Grillrost 15 Minuten grillen, bis das Fleisch gar ist. Dabei mehrfach wenden und mit Öl bestreichen.

5 Für die Sauce den Joghurt mit der Minzsauce verrühren. Die Hähnchenspieße auf Tellern anrichten und mit der Sauce heiß servieren.

Hühnchenspieße Maryland

Zu den Grillspießen mit Hühnerfleisch und kleinen, in Schinken eingerollten Bananenstücken schmeckt Zuckermais sehr gut.

GRILLEN & SCHLEMMEN

3

4

Für 4 Personen

8 Hähnchenschenkel, gehäutet und entbeint

1 EL Weißweinessig

1 EL Zitronensaft, plus etwas mehr
zum Bestreichen

1 EL heller Sirup oder flüssiger Honig

6 EL Olivenöl

1 Knoblauchzehe, zerdrückt

Salz und Pfeffer

4 Scheiben durchwachsener Räucherspeck

2 Bananen

ZUM SERVIEREN

4 Zuckermaiskolben

Mango-Chutney

5

1 Die Hähnchenschenkel in mundgerechte Stücke schneiden. In einer Schüssel Essig, Zitronensaft, Sirup oder Honig, Öl und Knoblauch verrühren, mit Salz und Pfeffer abschmecken. Das Fleisch in die Marinade geben und sorgfältig darin wenden. Abdecken und 1–2 Stunden marinieren.

2 Die Speckscheiben mit dem Messerrücken glatt ziehen und halbieren. Die Bananen in 2,5 cm lange Stücke schneiden und mit Zitronensaft bestreichen, damit sie sich nicht braun verfärben.

3 Jeweils ein Stück Speck um ein Bananenstück wickeln.

4 Das Hühnerfleisch aus der Marinade nehmen, diese aber zum Bestreichen aufbewahren. Die Fleischwürfel und die Speck-Bananen-Rollen abwechselnd auf Spieße stecken.

5 Die Spieße bei starker Hitze 8–10 Minuten grillen, bis das Fleisch gar ist. Dabei die Spieße häufig mit Marinade bestreichen und wenden.

6 Zuckermaiskolben und Mango-Chutney zu den Spießen servieren.

Variation

Wenn Sie es eilig haben, verzichten Sie auf die Marinierzeit und grillen die Spieße 20 Minuten, dabei häufig mit der Marinade bestreichen. Die Bananen können auch in der Schale neben dem Hühnerfleisch gegrillt werden. Servieren Sie die geöffneten Bananen mit einem Teelöffel Mango-Chutney.

241

Hühnchenspieße mit gefüllter Paprika

Diese Hühnchenspieße sind etwas ganz Besonderes. Der köstliche Geschmack lohnt die etwas aufwändige Zubereitung allemal.

GRILLEN & SCHLEMMEN

Für 4 Personen

3 Hähnchenbrustfilets

6 EL Olivenöl

4 EL Zitronensaft

½ kleine Zwiebel, gerieben

1 EL frisch gehackter Salbei

8 EL fertige Salbei-Zwiebel-Füllung

6 EL kochendes Wasser

2 grüne Paprika, entkernt

SAUCE

1 EL Olivenöl

1 rote Paprika, entkernt und gewürfelt

1 kleine Zwiebel, fein gehackt

1 Prise Zucker

200 g gewürfelte Tomaten aus der Dose

2

4

Tipp

Die Salbei-Zwiebel-Füllung können Sie auch frisch zubereiten. Dazu 2 Zwiebeln in kochendem Wasser 5 Minuten garen. 6–8 frische Salbeiblätter 1–2 Minuten blanchieren. Dann Zwiebeln und Salbei fein hacken. 60 g Semmelbrösel, 20 g Butter, Salz und Pfeffer zufügen und mit 1 Eigelb verrühren.

5

1 Das Fleisch in mundgerechte Stücke schneiden.

2 Öl, Zitronensaft, geriebene Zwiebel und frischen Salbei in einen Gefrierbeutel füllen. Das Hühnerfleisch zugeben, den Beutel verschließen und kräftig schütteln. 30 Minuten im Beutel marinieren, dabei gelegentlich schütteln.

3 Die Salbei-Zwiebel-Füllung in eine Schüssel geben, mit dem kochenden Wasser übergießen und gut verrühren.

4 Die grüne Paprika in jeweils 6 Streifen schneiden und in kochendem Wasser 3–4 Minuten garen. Abgießen, unter fließend kaltem Wasser abschrecken und abtropfen lassen.

5 Je 1 Teelöffel der Füllung zu einer Kugel formen und mit je einem Paprikastreifen umschließen. Je 3 Gemüserollen abwechselnd mit dem Fleisch auf geölte Metallspieße stecken. Kalt stellen.

6 Für die Sauce das Öl in einem kleinen Topf erhitzen. Paprika und Zwiebel zugeben und 5 Minuten dünsten. Zucker und Tomaten zufügen und 5 Minuten köcheln. Beiseite stellen und warm halten.

7 Die Spieße auf einem eingeölten Grillrost 15 Minuten bei starker Hitze grillen, bis das Fleisch gar ist, dabei mit der Marinade bestreichen. Mit der roten Paprikasauce servieren.

Mais-Ingwer-Hähnchen

Diese Hähnchenflügel mit der klebrigen, aber köstlichen Ingwermarinade muss man einfach mit den Fingern essen.

Für 6 Personen

3 frische Maiskolben
12 Hähnchenflügel
2,5-cm-Stück Ingwerwurzel
6 EL Zitronensaft
4 TL Sonnenblumenöl
1 EL brauner Zucker
Salz
Ofenkartoffeln oder Salat, zum Servieren

1

2

Tipp

Schneiden Sie die Flügelspitzen vor der Zubereitung ab oder wickeln Sie sie in ein wenig Alufolie, da sie beim Grillen leicht verbrennen können.

1 Die Maiskolben putzen und mit einem scharfen Messer jeweils in 6 Stücke schneiden. Mit den Hähnchenflügeln in eine große Schüssel geben.

2 Den Ingwer schälen und fein reiben oder hacken.

3 Ingwer, Zitronensaft, Öl, Zucker und Salz verrühren und dann unter die Hähnchenflügel und den Mais heben.

4 Hähnchenflügel und Maisstücke abwechselnd auf Spieße stecken, um das Wenden zu erleichtern.

4

Tipp

Wenn Sie frische Maiskolben kaufen, achten Sie auf dicke, eng stehende Maiskörner. Wenn keine frischen Maiskolben erhältlich sind, können Sie auch aufgetaute Tiefkühlware verwenden.

5 15–20 Minuten unter dem vorgeheizten Backofengrill bei mittlerer Hitze oder über Holzkohle grillen. Währenddessen mehrfach mit der Ingwermischung bestreichen und wenden, bis der Mais goldgelb und zart und das Fleisch gar ist. Dazu passen Ofenkartoffeln und Salat.

Hühnchenspieße in Preiselbeersauce

Der leicht herbe Geschmack der Preiselbeersauce harmoniert bestens mit den gegrillten Hühnchenspießen, die Sie heiß oder kalt servieren können.

GRILLEN & SCHLEMMEN

2

Für 8 Personen

4 Hähnchenbrustfilets
4 EL trockener Weißwein
1 EL Muskovado-Zucker
2 EL Sonnenblumenöl
Salz und Pfeffer
100 g Sesamsaat

SAUCE

175 g Preiselbeeren
150 ml Preiselbeersaft
2 EL Muskovado-Zucker

ZUM SERVIEREN

neue Kartoffeln
grüner Salat

3

5

1 Das Fleisch in 2,5 cm große Würfel schneiden. Wein, Zucker und Öl in einer großen Schüssel gut verrühren und kräftig mit Salz und Pfeffer würzen. Die Fleischstücke zugeben und gründlich in der Mischung wälzen. Mindestens 30 Minuten marinieren, dabei das Fleisch gelegentlich wenden.

2 Die Zutaten für die Sauce in einem kleinen Topf mischen und unter Rühren langsam zum Kochen bringen. 5–10 Minuten köcheln, bis die Preiselbeeren weich und sämig sind. Abschmecken und nach Belieben noch etwas zuckern. Warm halten.

3 Das Fleisch mit einem Schaumlöffel aus der Marinade heben. Dann die Fleischstücke auf 8 Spieße stecken, dabei jeweils einen kleinen Zwischenraum lassen.

4 Die Spieße auf einem eingeölten Grillrost von jeder Seite jeweils 4–5 Minuten bei starker Hitze grillen, bis das Fleisch gar ist, dabei mehrmals mit der Marinade bestreichen.

5 Die Fleischspieße vom Grillrost nehmen und rundum in der Sesamsaat wälzen. Dann erneut von jeder Seite jeweils 1 Minute grillen, bis die Sesamsamen geröstet sind. Mit der Preiselbeersauce, neuen Kartoffeln und grünem Salat servieren.

Variation

Preiselbeersauce passt hervorragend zu jeder Art von Geflügel. Kombinieren Sie sie z. B. mit Puten- oder Perlhuhnfleisch.

Indische Hähnchen-Kebabs

Diese indischen Kebabs sind ein originelles und schmackhaftes Hühnchengericht. Servieren Sie dazu Dhaal und Chapati-Brote.

GRILLEN & SCHLEMMEN

1

Für 6–8 Personen

1,5 kg Hähnchenbrustfilet
½ TL gemahlener Kreuzkümmel
4 Kardamomkapseln, zerstoßen
½ TL Zimt
1 TL Salz
1 TL frisch geriebener Ingwer
1 große Knoblauchzehe, zerdrückt
½ TL gemahlenes Piment
½ TL Pfeffer
300 ml Wasser
2 EL Joghurt
2 grüne Chillies
1 kleine Zwiebel
frische Korianderblätter
1 Ei, verquirlt
300 ml Öl

GARNIERUNG
Zitronenspalten
grüne Salatblätter

Tipp

Indische Kebabs werden nicht nur auf Spießen, sondern auch in Schüsseln angerichtet serviert, und zwar stets ohne Sauce.

2

1. Die Hähnchenbrustfilets in einen großen Topf geben. Kreuzkümmel, Kardamom, Zimt, Salz, Ingwer, Knoblauch, Piment und Pfeffer zufügen und das Wasser aufgießen. Zum Kochen bringen und garen, bis das Wasser aufgesogen ist.

2. Die Hähnchen-Gewürz-Mischung in der Küchenmaschine zu einer glatten Paste verarbeiten. Die Paste in eine Schüssel umfüllen und sorgfältig mit dem Joghurt verrühren.

3. Chillies, Zwiebel und Korianderblätter in der Küchenmaschine klein hacken. Zu der Hähnchen-Gewürz-Paste zufügen und gut vermischen. Dann das Ei unterrühren.

4. Die Hühnerfleischmasse in 12–16 gleich große Portionen aufteilen. Aus jeder Portion einen Bratling formen.

5. Das Öl erhitzen und die Kebabs bei geringer Hitze von beiden Seiten braten. Auf Küchenpapier abtropfen lassen. Mit Zitronenspalten und Salatblättern garnieren und heiß servieren.

3

Thailändische Hühnchenspieße

Diese exotischen Hühnchenspieße werden vor dem Grillen in einer aromatischen Sauce mariniert.

Für 4 Personen

4 Hähnchenbrustfilets

1 Zwiebel

1 große rote Paprika, entkernt

1 große gelbe Paprika, entkernt

12 Kaffir-Limettenblätter

2 EL Sonnenblumenöl

2 EL Limettensaft

halbierte Tomaten, zum Servieren

MARINADE

1 EL thailändische rote Currypaste

150 ml Kokosmilch aus der Dose

Tipp

Durch das Vorkochen der Marinade werden die Aromen intensiver. Wichtig ist jedoch, dass die Marinade vollständig ausgekühlt ist, bevor Sie das Fleisch zugeben, damit sich vorhandene Bakterien nicht vermehren können. Wenn Sie keine Kaffir-Limettenblätter bekommen können, sind Lorbeerblätter ein guter Ersatz.

1 Für die Marinade die rote Currypaste in einem kleinen Topf bei mittlerer Hitze 1 Minute kochen. Die Hälfte der Kokosmilch zugießen und aufkochen. 2–3 Minuten köcheln, bis die Flüssigkeit auf zwei Drittel reduziert ist.

2 Den Topf vom Herd nehmen und die restliche Kokosmilch einrühren. Die Marinade zum Abkühlen beiseite stellen.

3 Das Fleisch in 2,5 cm große Würfel schneiden, in die kalte Marinade geben und gut darin wenden. Mindestens 2 Stunden im Kühlschrank marinieren.

4 Die Zwiebel in Spalten und die Paprika in 2,5 cm große Stücke schneiden.

1

1

3

5 Die Fleischwürfel aus der Marinade nehmen und abwechselnd mit Paprika, Zwiebel und Limettenblättern auf Spieße stecken.

6 Öl und Limettensaft verrühren und die Spieße damit bestreichen. Die Spieße bei starker Hitze 10–15 Minuten grillen, bis das Fleisch gar ist. Dabei gelegentlich wenden und mit der Ölmischung bestreichen. Die halbierten Tomaten kurz auf den Grill legen und zu den Spießen servieren.

Limettenhuhn mit Minze

Diese mit einer würzigen Glasur aus Limettensaft und Honig bestrichenen Hähnchenkeulen werden zu einem cremigen Joghurtdip serviert. Eine köstliche Überraschung auf jeder Grillparty.

Für 6 Personen

3 EL fein gehackte Minze
4 EL flüssiger Honig
4 EL Limettensaft
Salz und Pfeffer
12 Hähnchenoberkeulen, entbeint
gemischter Salat, zum Servieren

DIP
150 g Naturjoghurt
1 EL frisch gehackte Minze
2 TL fein abgeriebene Limettenschale

Variation

Die Limetten-Marinade passt vorzüglich zu Hühnchenspießen mit Limetten- und roten Zwiebelspalten.

Tipp

Minze kann man sehr einfach im Garten oder Blumenkasten selbst ziehen. Sie ist eine hervorragende Würze für Marinaden und Dressings. Auch Petersilie und Basilikum eignen sich für den eigenen Kräutergarten und bereichern jede Küche.

1

2

1 Minze, Honig und Limettensaft mit Salz und Pfeffer in einer Schüssel mischen.

2 Die Hähnchenoberkeulen mit zuvor in Wasser eingelegten Zahnstochern in Form stecken. In der Marinade wenden, um sie gründlich zu überziehen. Am besten eine Nacht, mindestens jedoch 30 Minuten marinieren.

3 Die marinierten Hähnchenoberkeulen unter dem vorgeheizten Backofengrill oder auf dem Grillrost grillen, dabei regelmäßig wenden und mit der Marinade bestreichen. Das Fleisch ist gar, wenn beim Einstechen klarer Saft austritt.

4

4 Unterdessen die Zutaten für den Joghurtdip gründlich verrühren.

5 Die Zahnstocher entfernen und die Hähnchenoberkeulen mit dem Joghurt-Minze-Dip und einem gemischten Salat servieren.

GRILLEN & SCHLEMMEN

253

Indisches Grillhähnchen

Diese schmackhaften Hähnchenbrustfilets werden gegrillt und mit Naan-Brot und Gurken-Raita serviert.

Für 4 Personen

4 Hähnchenbrustfilets
2 EL Currypaste
1 EL Sonnenblumenöl
1 EL Muskovado-Zucker
1 TL Ingwerpulver
½ TL gemahlener Kreuzkümmel

GURKEN-RAITA
¼ Salatgurke
Salz
150 g magerer Naturjoghurt
¼ TL Chilipulver

ZUM SERVIEREN
Naan-Brot
grüner Salat

Tipp

Die flach geklopften Hähnchenbrustfilets sind schneller gar.

1

2

1 Die Hähnchenbrustfilets einzeln in Frischhaltefolie wickeln oder zwischen zwei Backpapierbögen legen. Mit einem Nudelholz oder mit der glatten Seite eines Fleischklopfers flach klopfen.

2 Currypaste, Öl, Zucker, Ingwer und Kreuzkümmel in einer kleinen Schüssel verrühren. Die Filets beidseitig mit der Mischung bestreichen und beiseite stellen.

3

3 Die Gurke für das Raita schälen, halbieren und die Kerne mit einem Löffel entfernen. Das Fruchtfleisch raspeln, salzen, in ein Sieb geben und 10 Minuten abtropfen lassen. Das Salz abspülen und überschüssigen Fruchtsaft mit dem Löffelrücken aus der Gurke drücken.

4 Die Gurkenraspel mit Joghurt und Chilipulver verrühren. Dann kalt stellen.

5 Die Hähnchenbrustfilets auf einen eingeölten Grillrost legen und bei starker Hitze 10 Minuten grillen. Die Filets zwischendurch einmal wenden.

6 Das Naan-Brot auf dem Grill aufwärmen. Dann die fertig gegrillten Hähnchenbrustfilets auf Teller verteilen und mit Brot und Raita zu frischem grünem Salat servieren.

Grillhähnchen mit warmer Aioli

Gegrillte Hühnerviertel werden zu einer kräftigen Knoblauchmayonnaise, einer Aioli, serviert, die ursprünglich aus der Provence stammt.

GRILLEN & SCHLEMMEN

Für 4 Personen

4 Hühnerviertel

2 EL Öl

2 EL Zitronensaft

2 TL Thymian

Salz und Pfeffer

Zitronenscheiben, zum Garnieren

grüner Salat, zum Servieren

AIOLI

5 Knoblauchzehen, zerdrückt

1 Prise Salz

2 Eigelb

120 ml Olivenöl

120 ml Sonnenblumenöl

2 TL Zitronensaft

Pfeffer

2 EL kochendes Wasser

1

3

2

4 Die Hühnerteile etwa 25–30 Minuten grillen. Dabei mit der Marinade bestreichen und wenden, um sie gleichmäßig zu garen. Auf einem Servierteller anrichten.

5 Das Wasser unter die Aioli rühren und in eine Schüssel geben. Das Fleisch mit Zitronenscheiben garnieren und mit Aioli und Salat servieren.

1 Die Hühnerviertel mit einem Spieß mehrfach einstechen und in eine flache Schale legen.

2 Öl, Zitronensaft, Thymian, Salz und Pfeffer mischen, über das Fleisch geben und die Teile darin wenden. Beiseite stellen und 2 Stunden marinieren.

3 Den Knoblauch für die Aioli mit einer Prise Salz zu einer Paste rühren.

Das Eigelb zugeben und gründlich verrühren. Langsam unter kräftigem Schlagen nach und nach das gesamte Öl zugießen, bis die Sauce cremig glatt ist und andickt. Den Zitronensaft einrühren und mit Pfeffer abschmecken. An einen warmen Ort stellen.

Tipp

Für eine schnell zubereitete Aioli den Knoblauch in 300 ml Mayonnaise geben und über einem heißen Wasserbad verquirlen. Kurz vor dem Servieren 1–2 Esslöffel heißes Wasser zugeben.

Süß-saure Hähnchenflügel

Die Grillmarinade für dieses Gericht ist in Minutenschnelle zubereitet, aber dennoch unwiderstehlich. Sie können auch andere Hühnerteile nehmen.

Für 4 Personen

8 Hähnchenflügel oder 1 ganzes Hähnchen, in 8 Teile zerlegt
3 EL Tomatenmark
3 EL Hoisin-Sauce
1 EL Weißweinessig
1 EL flüssiger Honig
1 EL Olivenöl
1 Knoblauchzehe, zerdrückt (nach Belieben)
Salatblätter, zum Servieren

1 Die Hühnerteile nach Belieben häuten, um den Fettgehalt zu reduzieren.

2 Für die Grillmarinade Tomatenmark, Hoisin-Sauce, Essig, Honig, Öl und nach Wunsch Knoblauch in eine kleine Schüssel geben und gründlich zu einer sämigen Sauce verrühren.

3 Die Hühnerteile mit der Marinade bestreichen und 15–20 Minuten bei starker Hitze grillen, dabei gelegentlich wenden und regelmäßig mit der Marinade bestreichen. Falls sich das Fleisch schwärzt, bevor es gar ist, den Rost höher stellen oder das Fleisch auf andere Weise ein Stück von der Hitzequelle entfernen, um den Garprozess zu verlangsamen.

4 Das fertig gegrillte Fleisch auf vorgewärmte Teller verteilen und heiß mit frischen Salatblättern servieren.

2

3

1

Variation

Diese Grillmarinade schmeckt auch hervorragend zu gegrillten Schweinekoteletts.

Tipp

Nur wenn Geflügel bei starker Hitze gegrillt wird, bleibt es ausreichend saftig. Dann nämlich verschließen sich die Poren sofort und der Fleischsaft bleibt im Inneren. Aus diesem Grund sollte der Grill gründlich vorgeheizt sein.

Süßes Siruphähnchen

Für dieses Gericht können Sie beliebige Hühnerteile verwenden, doch entbeinte Hähnchenschenkel sind die günstigste und leckerste Alternative.

GRILLEN & SCHLEMMEN

Für 6 Personen

12 Hähnchenoberkeulen, entbeint
5 EL Ahornsirup
1 EL Zucker
abgeriebene Schale und Saft von ½ Orange
2 EL Ketchup
2 TL Worcestersauce

GARNIERUNG
Orangenscheiben
glatte Petersilie

ZUM SERVIEREN
Fladenbrot
grüner Salat
geviertelte Kirschtomaten

1

3

1. Jede Hähnchenoberkeule zwei- bis dreimal mit einem scharfen Messer einschneiden und in eine flache, metallfreie Schale legen.

2. Für die Marinade Ahornsirup, Zucker, Orangenschale und -saft, Ketchup und Worcestersauce in einer kleinen Schüssel verrühren.

3. Das Fleisch mit der Marinade übergießen und gründlich darin wenden. Dann abdecken und einige Stunden im Kühlschrank marinieren.

4. Das Fleisch aus der Marinade nehmen und die Marinade beiseite stellen.

5. Die Hähnchenoberkeulen auf einen eingeölten Grillrost verteilen und bei starker Hitze 20 Minuten grillen, dabei häufig wenden und mit der Marinade bestreichen.

6. Das fertig gegarte Fleisch auf einem Servierteller anrichten, mit Orangenscheiben und Petersilie garnieren und mit Fladenbrot, grünem Salat und Kirschtomaten servieren.

5

Tipp

Ist die Zeit knapp, können Sie auf das Marinieren auch verzichten. Wenn Sie größere Hühnerteile verwenden, kochen Sie sie vor dem Grillen 10 Minuten vor und bestreichen sie erst dann mit Marinade.

Cajun-Hähnchen

Diese scharfen Hähnchenflügel schmecken am besten zu einer Chilisalsa und Salat. Wenn Sie es milder mögen, servieren Sie dazu einen Schnittlauchquark.

Für 4 Personen

16 Hähnchenflügel
4 TL Paprikapulver
2 TL gemahlener Koriander
1 TL Selleriesalz
1 TL gemahlener Kreuzkümmel
½ TL Cayennepfeffer
½ TL Salz
1 EL Öl
2 EL Rotweinessig
frische Petersilie, zum Garnieren

ZUM SERVIEREN
Kirschtomaten
gemischter Blattsalat
Chilisalsa oder Sahnequark mit Schnittlauch

1

3

2

3 Die Hähnchenflügel gleichmäßig mit der Würzmischung bestreichen und mindestens 1 Stunde im Kühlschrank marinieren.

4 Die Hähnchenflügel auf dem heißen Grill etwa 15 Minuten grillen, bis sie gar sind. Dabei mehrfach wenden und mit Öl bestreichen. Mit frischer Petersilie garnieren und mit Kirschtomaten, gemischtem Blattsalat und einer Sauce nach Wahl servieren.

1 Die Hähnchenflügel waschen und mit Küchenpapier trockentupfen. Die Flügelspitzen mit der Küchenschere abschneiden.

2 Paprikapulver, Koriander, Selleriesalz, Kreuzkümmel, Cayennepfeffer, Salz, Öl und Rotweinessig in einer kleinen Schüssel gut verrühren.

Variation

Hähnchenflügel haben nur wenig Fleisch und sind sehr klein. Daher sind sie aber auch schnell gegrillt und können mit den Fingern gegessen werden, weshalb sie auf Grillfesten sehr beliebt sind. Sie schmecken aber auch in der Pfanne gebraten oder im Ofen gebacken.

Tipp

Sie können auch eine fertige Cajun-Gewürzpaste verwenden, um die Hähnchenflügel zu bestreichen. So sparen Sie Zeit.

GRILLEN & SCHLEMMEN

Minzehuhn mit gegrilltem Gemüse

Grillen ist eine gesunde, schnelle Garmethode: Durch die Hitze schließen sich die Poren sofort, das Fleisch bleibt saftig. Aber auch Gemüse ist gegrillt ein Genuss.

Für 4 Personen

1 kleine Aubergine, in Scheiben geschnitten

Salz

2 Knoblauchzehen, zerdrückt

abgeriebene Schale von ½ Zitrone

1 EL frisch gehackte Minze

6 EL Olivenöl, plus etwas mehr zum
 Bestreichen und Beträufeln

Salz und Pfeffer

4 Hähnchenbrustfilets

2 Zucchini, in Scheiben geschnitten

1 rote Paprika, entkernt und geviertelt

1 kleine Fenchelknolle,
 in Scheiben geschnitten

1 große rote Zwiebel,
 in dicke Ringe geschnitten

1 kleine Ciabatta oder 1 Baguette,
 in Scheiben geschnitten

1

4

3

1 Die Auberginenscheiben in ein Sieb legen und salzen, 30 Minuten ziehen lassen, abspülen und trockentupfen. Dies entzieht ihnen die Bitterstoffe.

2 Knoblauch, Zitronenschale, Minze und Olivenöl mischen und mit Salz und Pfeffer würzen.

3 Die Hähnchenbrustfilets mehrfach quer mit einem scharfen Messer einschneiden. Mit der Hälfte der Marinade übergießen und wenden.

4 Die Auberginen und das übrige Gemüse mit der restlichen Marinade vermischen. Fleisch und Gemüse 30 Minuten marinieren.

5 Hähnchenbrustfilets und Gemüse unter dem vorgeheizten Backofengrill oder auf dem heißen Holzkohlegrill goldbraun grillen oder in einer Grillpfanne braten.

6 Die Brotscheiben mit Olivenöl bestreichen und goldgelb rösten.

7 Etwas Olivenöl über Fleisch und Gemüse träufeln und heiß oder kalt mit dem gerösteten Brot servieren.

Pikantes Sesamhähnchen

Rasch und einfach zubereitet, eignet sich dieses Gericht hervorragend für ein Grillfest oder ein Picknick. Es ist warm und kalt ein Genuss.

Für 4 Personen

4 Hühnerviertel

150 g Naturjoghurt

abgeriebene Schale und Saft von
  1 kleinen Zitrone

2 TL mittelscharfe Currypaste

1 EL Sesamsaat

ZUM SERVIEREN

Salat

Naan-Brot oder Fladenbrot

Zitronenspalten

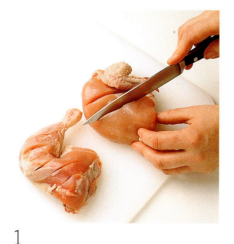

1

3

2

1 Die Hühnerviertel häuten und mehrfach mit einem scharfen Messer einschneiden.

2 Joghurt, Zitronenschale, Zitronensaft und Currypaste in einer Schüssel glatt rühren.

3 Die Hühnerteile mit der Mischung übergießen und in einer mit Alufolie ausgelegten Grillpfanne oder auf dem Backblech auslegen.

Variation

Sie können das Fleisch auch mit Mohn-, Fenchel- oder Kümmelsamen oder aber mit einer Mischung aus allen Samen bestreuen.

Tipp

Wenn es die Zeit erlaubt, marinieren Sie das Fleisch über Nacht im Kühlschrank, damit sich die Aromen voll entwickeln und vom Fleisch aufgenommen werden können.

4 Die Hühnerviertel 12–15 Minuten unter dem vorgeheizten Backofengrill bei mittlerer Hitze goldbraun und gar grillen, dabei einmal wenden. Kurz vor Ende der Garzeit mit der Sesamsaat bestreuen.

5 Mit einem Salat, Naan- oder Fladenbrot und Zitronenspalten servieren.

Süß-saure Hähnchenkeulen

Durch die Marinade erhalten die kleinen Hähnchenkeulen ein süß-saures Aroma und einen appetitlichen Glanz.

Für 4 Personen

8 Hähnchenunterkeulen
4 EL Rotweinessig
2 EL Tomatenmark
2 EL Sojasauce
2 EL flüssiger Honig
1 EL Worcestersauce
1 Knoblauchzehe
1 Prise Cayennepfeffer
frische Petersilienzweige, zum Garnieren
knackiger Salat, zum Servieren

1

2

Tipp

Geben Sie für einen frischeren Geschmack den Saft von 1 Limette in die Marinade. Achten Sie beim Grillen regelmäßig darauf, dass die Keulen nicht verkohlen.

1 Die Hähnchenunterkeulen nach Wunsch häuten und mit einem scharfen Messer zwei- bis dreimal quer einschneiden.

2 Die Keulen nebeneinander in eine flache, metallfreie Form legen.

3 Rotweinessig, Tomatenmark, Sojasauce, Honig, Worcestersauce, Knoblauch und Cayennepfeffer verrühren und über das Fleisch gießen.

3

Variation

Diese süß-saure Marinade passt auch zu Schweinefleisch oder Garnelen. Stecken Sie Schweinefleischwürfel oder Garnelen mit Paprikastücken und Perlzwiebeln auf Spieße.

4 Das Fleisch 1 Stunde im Kühlschrank marinieren. Anschließend die Keulen etwa 20 Minuten auf dem heißen Grill unter mehrfachem Wenden und Bestreichen mit der Marinade grillen. Mit Petersilie garnieren und servieren. Dazu passt ein knackiger Salat.

Hähnchenbrust mit Gartenkräutern

Dieses kalte Hühnchengericht in einer milden Kräutervinaigrette ist für eine leichte Sommermahlzeit, eine Party oder ein Picknick genau das Richtige.

GRILLEN & SCHLEMMEN

1

5

Für 4 Personen

4 Hähnchenbrustfilets

6 EL Olivenöl

2 EL Zitronensaft

4 EL frisch gehackte Sommerkräuter
   (z. B. Petersilie, Schnittlauch und Minze)

Salz und Pfeffer

1 reife Avocado

125 g Magerquark

kalter Reis mit Chili und Frühlingszwiebeln,
   zum Servieren

4

1 Jedes Hähnchenbrustfilet mit einem scharfen Messer mehrfach quer einschneiden.

2 Das Fleisch in einen Topf legen und dünn mit etwas Öl bestreichen.

3 Die Hähnchenbrustfilets unter dem vorgeheizten Backofengrill bei mittlerer Hitze grillen, bis sie goldbraun sind und beim Einstechen klarer Fleischsaft austritt. Dabei mehrfach wenden.

4 Das restliche Öl mit Zitronensaft und Kräutern verrühren und mit Pfeffer abschmecken. Die Hähnchenbrustfilets mit Salz würzen, mit dem Öl übergießen und abkühlen lassen. 1 Stunde kalt stellen.

5 Die Avocado entkernen (s. Tipp). Das Fruchtfleisch von der Schale lösen und mit dem Magerquark im Mixer pürieren. Mit Salz und Pfeffer abschmecken. Das Fleisch mit Avocadocreme und kaltem Reis servieren.

Tipp

Die Hähnchenbrustfilets können mehrere Stunden im Voraus zubereitet und im Kühlschrank aufbewahrt werden.

Tipp

Die Avocado zunächst halbieren. Die Hälfte mit dem Kern in eine Hand legen und gut festhalten. Mit einem scharfen Messer in den Kern schneiden, sodass das Messer fest sitzt. Dann das Messer vorsichtig drehen, um den Kern zu lösen und herauszunehmen.

Jerk-Huhn

Dieses Grillgericht ist eines der bekanntesten Rezepte der karibischen Küche. Die scharfe Marinade gab dem Jerk-Huhn seinen Namen.

Für 4 Personen

4 Hühnerviertel

1 Bund Frühlingszwiebeln, in Ringe geschnitten

1–2 Chillies, entkernt

1 Knoblauchzehe

5-cm-Stück Ingwerwurzel, grob gehackt

½ TL Thymian

½ TL Paprikapulver

¼ TL Piment

1 Prise Zimt

1 Prise Gewürznelkenpulver

4 EL Weißweinessig

3 EL helle Sojasauce

Pfeffer

Tipp

In einigen Feinkostläden ist auch fertige Jerk-Sauce, ein wichtiger Bestandteil der jamaikanischen Küche, aus dem Glas erhältlich. Lassen Sie das Fleisch darin so lange wie möglich marinieren, damit es die Aromen annehmen kann.

Variation

Die Schärfe der Sauce können Sie durch die Chilisorte und die Anzahl der Chillies bestimmen.

2

3

1 Die Hühnerteile in eine flache Form legen.

2 Frühlingszwiebeln, Chillies, Knoblauch, Ingwer, Thymian, Paprika, Piment, Zimt, Gewürznelkenpulver, Essig, Sojasauce und Pfeffer mischen und in einer Küchenmaschine glatt pürieren.

3 Die Würzmischung über die Hühnerteile geben und diese so darin wenden, dass sie rundum davon überzogen sind. Das Fleisch 24 Stunden, mindestens aber über Nacht, im Kühlschrank marinieren.

4

4 Die Hühnerteile aus der Marinade nehmen und die Marinade aufbewahren. Das Fleisch auf dem heißen Holzkohlegrill etwa 30 Minuten grillen, bis es goldbraun und knusprig ist. Dabei mit der Marinade bestreichen und einmal wenden.

5 Die gegrillten Hühnerteile auf Tellern anrichten und heiß servieren.

GRILLEN & SCHLEMMEN

Glasierte Hähnchenkeulen

Diesen köstlichen Hähnchenkeulen kann man nur mit den Fingern beikommen – also Schälchen mit Zitronensaft und Servietten bereithalten.

GRILLEN & SCHLEMMEN

Für 10 Personen

10 Hähnchenunterkeulen

4 EL feine Orangenmarmelade

abgeriebene Schale und Saft von ½ Orange

1 EL Worcestersauce

Salz und Pfeffer

ZUM SERVIEREN

Kirschtomaten

Blattsalat

Tipp

Durch Vorgaren gelingt das Fleisch beim Grillen besser – man vermeidet so, dass es außen schon knusprig, aber innen noch nicht gar ist.

1

2

3

1 Jede Hähnchenunterkeule mit einem scharfen Messer zwei- bis dreimal einschneiden.

2 Wasser in einem großen Topf zum Kochen bringen und die Keulen darin abgedeckt 5–10 Minuten kochen. Dann das Fleisch herausnehmen und gut abtropfen lassen.

3 Unterdessen für die Glasur Orangenmarmelade, Orangenschale und -saft, Worcestersauce sowie Salz und Pfeffer in einem kleinen Topf unter Rühren erhitzen, bis die Marmelade flüssig ist und alle Zutaten gut vermischt sind.

4 Die vorgekochten Keulen mit der Glasur überziehen und auf dem heißen Holzkohlegrill etwa 10 Minuten grillen. Häufig wenden und regelmäßig mit der restlichen Glasur bestreichen.

5 Jeweils 3 Kirschtomaten behutsam auf einen Spieß stecken und etwa 1–2 Minuten grillen.

6 Die fertigen Keulen auf Tellern anrichten und mit den Tomatenspießen und frischem Blattsalat servieren.

GRILLEN & SCHLEMMEN

Hühnchenspieße mit Zitronen-Koriander-Creme

Für die köstlichen Spieße wird zartes Hühnerfleisch in Zitrusmarinade gewendet.

Für 4 Personen

4 Hähnchenbrustfilets
1 TL gemahlener Koriander
2 TL Zitronensaft
Salz und Pfeffer
300 g Naturjoghurt
1 Zitrone
2 EL frisch gehackter Koriander
Öl, zum Bestreichen
frische Korianderzweige, zum Garnieren

ZUM SERVIEREN
Zitronenspalten
grüner Salat

Tipp

Bereiten Sie das Hühnerfleisch bereits 1 Tag im Voraus zu. So kann das Fleisch über Nacht marinieren.

Variation

Servieren Sie die Hühnchenspieße auf einem Bett aus gekochtem Spinat, gewürzt mit Salz, Pfeffer und Muskat.

1 Die Hähnchenbrustfilets in 2,5 cm große Würfel schneiden und in eine flache, metallfreie Schale legen.

2 Koriander, Zitronensaft, Salz, Pfeffer und 4 Esslöffel Joghurt zugeben. Das Fleisch gründlich in der Mischung wenden, abdecken und für mindestens 2 Stunden, besser aber über Nacht, zum Marinieren in den Kühlschrank stellen.

3

1

2

3 Für den Zitronenjoghurt die Zitrone schälen und fein hacken, dabei alle Kerne entfernen. Die Zitrone mit dem restlichen Joghurt und dem frischen Koriander verrühren. Dann kalt stellen.

4 Die Fleischwürfel auf Spieße stechen. Den Grillrost mit Öl bestreichen und die Spieße auf dem heißen Holzkohlegrill 15 Minuten grillen, dabei gelegentlich wenden und mit Öl bestreichen.

5 Die fertigen Spieße auf vorgewärmte Teller verteilen, mit Korianderzweigen garnieren und mit Zitronenspalten, einigen Salatblättern und dem Zitronen-Koriander-Joghurt servieren.

Hühnchenspieße in Brombeersauce

Der Herbst ist die Zeit der wilden Beeren. Am besten schmecken diese leckeren Spieße mit Brombeersauce natürlich mit selbst gepflückten Früchten.

GRILLEN & SCHLEMMEN

Für 4 Personen

4 Hähnchenbrustfilets oder
  8 Hähnchenschenkel

4 EL trockener Weißwein oder Cidre

2 EL frisch gehackter Rosmarin

Salz und Pfeffer

200 g Brombeeren

1 EL Apfelessig

2 EL Johannisbeergelee

¼ TL frisch geriebene Muskatnuss

grüner Salat, zum Servieren

GARNIERUNG

frische Rosmarinzweige

Brombeeren

1

2

5

1. Bei der Verwendung von Hähnchenschenkeln das Fleisch zunächst entbeinen. Dann das Hühnerfleisch mit einem scharfen Messer in 2,5 cm große Würfel schneiden und in eine Schüssel geben. Weißwein oder Cidre und Rosmarin darüber geben und mit Salz und Pfeffer würzen. Abdecken und mindestens 1 Stunde marinieren.

2. Das Fleisch abtropfen lassen, die Marinade aufbewahren und die Fleischwürfel auf 8 Spieße stecken.

3. 8–10 Minuten bei mittlerer Hitze grillen, bis das Fleisch gar und rundum goldbraun ist.

4. Unterdessen die Brombeeren für die Sauce in einem Topf mit der Marinade sanft weich kochen. Die Sauce mit dem Löffelrücken durch ein Sieb passieren.

5. Apfelessig und Gelee zu den Brombeeren in den Topf geben und aufkochen. Offen kochen, bis die Sauce etwa um ein Drittel reduziert ist.

6. 1 Löffel Sauce auf jeden Teller geben und je 2 Spieße darauf anrichten. Mit frisch geriebener Muskatnuss bestreuen, mit Rosmarin und Brombeeren garnieren und mit einem grünen Salat servieren.

Tipp

Wenn Sie eingemachtes Obst aus der Dose verwenden, können Sie das Gelee weglassen.

Hühnchenrollen am Spieß

Diese ungewöhnlichen Hühnchenspieße haben ein wundervoll mediterranes Aroma. Durch den Räucherspeck bleibt das Fleisch schön saftig.

Für 4 Personen

4 Hähnchenbrustfilets
1 Knoblauchzehe, zerdrückt
2 EL Tomatenmark
4 Scheiben durchwachsener Räucherspeck
1 große Hand voll frische Basilikumblätter
Salz und Pfeffer
Öl, zum Bestreichen
grüner Salat, zum Servieren

1 1 Hähnchenbrustfilet zwischen 2 Lagen Frischhaltefolie legen und mit einem Nudelholz oder Fleischklopfer gleichmäßig flach klopfen. Mit den übrigen Filets ebenso verfahren.

2 Knoblauch und Tomatenmark gut verrühren und über das Fleisch geben.

3 Die Hähnchenbrustfilets mit je 1 Scheibe Räucherspeck belegen und mit Basilikumblättern bestreuen. Mit Salz und Pfeffer würzen.

4 Die Filets fest eindrehen und mit einem scharfen Messer in dicke Scheiben schneiden.

5 Die Röllchen auf 4 Spieße stecken, dabei darauf achten, dass sie sich nicht lösen.

6 Die Spieße dünn mit Öl bestreichen und unter dem vorgeheizten Backofengrill oder auf dem heißen Holzkohlegrill etwa 10 Minuten grillen, bis das Fleisch gar ist. Dabei einmal wenden. Direkt vom Grill mit Salat servieren.

1

3

4

Tipp

Flach geklopfte Hähnchenbrustfilets werden viel schneller gar und sind auch einfacher aufzurollen.

Tipp

Servieren Sie zu diesen Hühnchenspießen – passend zu ihrem mediterranen Aroma – Knoblauchbrot mit Parmesan.

Gegrillte Satay-Spieße

Satay-Sauce schmeckt ausgezeichnet zu Grillfleisch. Sie können sie auf dem Rost warm halten, während Sie die marinierten Hühnchenspieße goldbraun grillen.

Für 4 Personen

2 Hähnchenbrustfilets

MARINADE
4 EL Sonnenblumenöl
2 Knoblauchzehen, zerdrückt
3 EL frisch gehackter Koriander
1 EL Zucker
½ TL gemahlener Kreuzkümmel
½ TL gemahlener Koriander
1 EL Sojasauce
1 rote oder grüne Chili, entkernt
Salz und Pfeffer

SAUCE
2 EL Sonnenblumenöl
1 kleine Zwiebel, fein gehackt
1 rote oder grüne Chili, entkernt und gehackt
½ TL gemahlener Koriander
½ TL gemahlener Kreuzkümmel
8 EL Erdnussbutter
8 EL Hühnerbrühe oder Wasser
1 EL Kokoscreme

1. 8 Holzspieße in einer großen, flachen Schüssel mindestens 30 Minuten in kaltem Wasser wässern, damit sie beim Grillen nicht verbrennen.

2. Das Hühnerfleisch längs in 8 lange Streifen schneiden. Die Fleischstreifen schlangenförmig gefaltet auf die Spieße stecken und beiseite stellen.

3. Die Zutaten für die Marinade in einer Küchenmaschine zu einer glatten Paste verarbeiten.

4. Die Fleischspieße in der Marinade wenden, abdecken und mindestens 2 Stunden im Kühlschrank marinieren.

5. Für die Sauce das Öl in einem kleinen Topf erhitzen. Zwiebel und Chili darin weich dünsten, aber nicht bräunen. Koriander und Kreuzkümmel einrühren und 1 Minute kochen. Die restlichen Zutaten für die Sauce zufügen und die Mischung 5 Minuten sanft köcheln. Den Topf auf den Grillrand stellen und warm halten.

6. Die Fleischspieße bei starker Hitze etwa 10 Minuten grillen, bis das Fleisch gar ist. Dabei mit der restlichen Marinade bestreichen und gelegentlich wenden. Mit der warmen Satay-Sauce servieren.

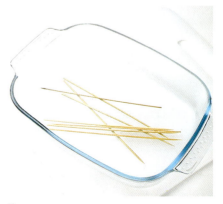

1

2

5

GRILLEN & SCHLEMMEN

283

GRILLEN & SCHLEMMEN

Gegrillte Hähnchenkeulen mit Senf

Die Grillparty oder das Picknick sind gerettet, wenn diese leckeren und leicht zuzubereitenden Hähnchenkeulen zum Zuge kommen.

GRILLEN & SCHLEMMEN

Für 4 Personen

10 Scheiben durchwachsener
   Räucherspeck
1 Knoblauchzehe, zerdrückt
3 EL körniger Senf
4 EL frische Vollkorn-Semmelbrösel
8 Hähnchenunterkeulen
1 EL Sonnenblumenöl
frische Petersilienzweige, zum Garnieren

Tipp

Geben Sie die Hähnchenunterkeulen nicht auf der obersten Schiene in den Backofen, da sie sonst von außen leicht verbrennen können.

1

1 2 Scheiben Speck würfeln und unter ständigem Rühren 3–4 Minuten in einer trockenen Pfanne rösten. Vom Herd nehmen, den Knoblauch, 2 Esslöffel Senf und Semmelbrösel zufügen und verrühren.

2 Die Haut der Hähnchenunterkeulen vorsichtig mit den Fingern vom Fleisch lösen und etwas Senfmischung unter die Haut schieben. Dann die Haut wieder fest andrücken.

2

3 Jede Keule in 1 Scheibe Speck einwickeln und diese mit Zahnstochern feststecken.

4 Den restlichen Senf mit dem Öl verrühren und das Fleisch damit bestreichen. Die Keulen etwa 25 Minuten unter dem vorgeheizten Backofengrill oder auf dem heißen Holzkohlegrill grillen, bis das Fleisch gar ist und beim Einstechen klarer Fleischsaft austritt.

3

5 Mit Petersilienzweigen garnieren. Die Keulen können heiß oder kalt serviert werden.

285

Tropische Hühnchenspieße

Diese Spieße sind von der karibischen Küche inspiriert. Durch die Marinade bleibt das Fleisch beim Grillen schön saftig.

GRILLEN & SCHLEMMEN

Für 6 Personen

750 g Hähnchenbrustfilet
2 EL Medium Dry Sherry
Salz und Pfeffer
3 Mangos
Lorbeerblätter
2 EL Öl
2 EL Kokosraspel
knackiger Salat, zum Servieren

1

3

2

1 Die Hähnchenbrustfilets in 2,5 cm große Würfel schneiden und in leicht gesalzenem und gepfeffertem Sherry wenden.

2 Die Mangos mit einem scharfen Messer in 2,5 cm große Würfel schneiden. Stein und Schale wegwerfen.

3 Fleisch- und Mangowürfel sowie Lorbeerblätter abwechselnd auf lange Grillspieße stecken und leicht mit Öl bestreichen.

4 Die Hühnchenspieße auf dem Grill bei mittlerer Hitze 8–10 Minuten goldbraun grillen. Dabei einmal wenden.

5 Die Spieße mit Kokosraspeln bestreuen und weitere 30 Sekunden grillen. Mit einem knackigen Salat servieren.

Tipp

Verwenden Sie reife, aber noch feste Mangos, damit sie sich beim Grillen nicht vom Spieß lösen. Eine andere geeignete feste Frucht ist die Ananas.

Tipp

Vergessen Sie nicht, dass Metallspieße sehr heiß werden. Verwenden Sie also Topflappen oder eine Zange, wenn Sie die Metallspieße wenden. Holzspieße sollten vor der Verwendung 30 Minuten gewässert werden, damit sie beim Grillen nicht verbrennen, und die Enden sollten mit Alufolie umwickelt werden.

Pikante Hühnchenspieße mit Tomaten

Diese fettarmen Grillspieße können gut im Voraus zubereitet werden und sind dann auf dem Grill in Minutenschnelle fertig.

Für 4 Personen

500 g Hähnchenbrustfilet
3 EL Tomatenmark
2 EL flüssiger Honig
2 EL Worcestersauce
1 EL frisch gehackter Rosmarin
Salz und Pfeffer
250 g Kirschtomaten
Couscous oder Reis, zum Servieren
frische Rosmarinzweige, zum Garnieren

1

3

2

1. 8 Holzspieße 30 Minuten wässern. Die Hähnchenbrustfilets in 2,5 cm große Würfel schneiden und in eine Schüssel geben.

2. Tomatenmark, Honig, Worcestersauce, Rosmarin, Salz und Pfeffer mischen und mit dem Fleisch vermengen.

3. Fleischstücke und Tomaten abwechselnd auf die Holzspieße stecken.

4. Die Spieße mit der restlichen Marinade bestreichen. Unter gelegentlichem Wenden auf dem heißen Grill 8–10 Minuten grillen, bis das Fleisch gar ist. Auf einem Bett aus Couscous oder Reis anrichten und mit Rosmarinzweigen garnieren.

Tipp

Couscous ist Hartweizengrieß, der mit Mehl ummantelt wurde. Er ist leicht zuzubereiten: Einfach in einer Schale mit kochendem Wasser einweichen und mit einer Gabel auflockern. Man kann ihn mit Zitronensaft oder Muskat verfeinern.

Tipp

Kirschtomaten eignen sich zum Grillen besser als klein geschnittene Tomaten, da man sie ganz auf die Spieße stecken kann. Dadurch bleibt ihr Saft erhalten.

Hähnchenkeulen mit Pesto-Baguette

Dieses italienisch inspirierte Gericht erhält seinen außergewöhnlichen Geschmack durch den Pesto – eine Mischung aus Basilikum, Olivenöl, Pinienkernen und Parmesan. Roter Pesto wird aus getrockneten Tomaten hergestellt.

Für 4 Personen

8 Hähnchenoberkeulen, teilweise entbeint

Olivenöl, zum Bestreichen

400 ml passierte Tomaten

120 ml grüner oder roter Pesto

12 Baguettescheiben

90 g frisch geriebener Parmesan

60 g Pinienkerne oder Mandelblättchen

Blattsalat, zum Servieren

1

2

4

1 Die Hähnchenoberkeulen in einer Lage in einen großen flachen Bräter geben und leicht mit Öl bestreichen. 15 Minuten unter dem vorgeheizten Backofengrill unter mehrfachem Wenden goldbraun grillen.

2 Die Fleischstücke mit einem Spieß einstechen, um zu kontrollieren, dass klarer Fleischsaft austritt.

3 Überschüssiges Fett abgießen. Die passierten Tomaten mit der Hälfte des Pestos in einem kleinen Topf erwärmen und über das Fleisch gießen. Unter den Grill geben und unter mehrfachem Wenden einige Minuten braten.

4 Unterdessen die Brotscheiben mit dem restlichen Pesto bestreichen. Die Brotscheiben auf das Fleisch legen und mit Parmesan und Pinienkernen oder Mandeln bestreuen. Dann weitere 2–3 Minuten unter den Grill geben, bis die Brote goldbraun überbacken sind. Mit einem gemischten Blattsalat servieren.

Tipp

Lässt man die Haut an den Hähnchenkeulen, mag das Gericht zwar einen etwas höheren Fettgehalt haben, doch die knusprig geröstete Haut hat einen wunderbar intensiven Geschmack und hält zusätzlich den Bratensaft im Fleisch zurück.

Stubenküken mit Zitrone & Estragon

Flach gedrückte Stubenküken werden durch das delikate Aroma von Estragon und Zitrone veredelt und im Ganzen gegrillt.

Für 2 Personen

2 Stubenküken
Salz und Pfeffer
4 frische Estragonzweige
1 TL Öl
25 g Butter
abgeriebene Schale von ½ Zitrone
1 EL Zitronensaft
1 Knoblauchzehe, zerdrückt
neue Kartoffeln, zum Servieren

GARNIERUNG
frische Estragonzweige
Zitronenspalten

1 Die Stubenküken mit der Brust nach unten auf ein Brett legen und das Rückgrat mit einer Schere teilen. Jeden Vogel leicht flach drücken, bis die Knochen brechen, damit er beim Garen flach liegt. Mit Salz und Pfeffer würzen.

2 Die Stubenküken umdrehen und auf jeder Brustseite einen Estragonzweig unter die Haut schieben.

3 Die Stubenküken mit Öl bestreichen und ca. 15 cm unter der Hitzequelle in den vorgeheizten Backofengrill schieben. Ca. 15 Minuten grillen, bis sie leicht gebräunt sind, dabei einmal wenden.

4 Unterdessen die Butter für die Glasur in einem kleinen Topf zerlassen, Zitronenschale, -saft und Knoblauch zugeben und mit Salz und Pfeffer abschmecken.

5 Die Stubenküken mit der Glasur bestreichen und weitere 15 Minuten grillen. Dabei einmal wenden und regelmäßig bestreichen, damit sie saftig bleiben. Mit Estragon und Zitronenspalten garnieren und servieren. Dazu passen neue Kartoffeln.

2

1

4

Tipp

Schieben Sie zwei Metallspieße durch die plattierten Stubenküken, damit sie während des Grillens flach bleiben.

GRILLEN & SCHLEMMEN

Stubenküken mit Knoblauch & Kräutern

Die flach gedrückten Stubenküken garen schnell und werden mit Knoblauchbutter gefüllt und mit einer Zitronen-Kräuter-Glasur bestrichen.

GRILLEN & SCHLEMMEN

Für 2 Personen

2 Stubenküken (je ca. 450 g)
75 g Butter
2 Knoblauchzehen, zerdrückt
2 EL frisch gehackte gemischte Kräuter

GLASUR
4 EL Olivenöl
2 EL Zitronensaft
2 EL frisch gehackte gemischte Kräuter
Salz und Pfeffer

Tipp

Verwenden Sie verschiedene frische Kräuter, die Sie gerade zur Hand haben, z. B. Thymian, Rosmarin, Minze, Oregano, Petersilie oder Koriander. Wenn Sie 1 ganzes Hähnchen nach diesem Rezept grillen wollen, verdoppeln Sie die Zutaten für die Glasur und erhöhen Sie die Garzeit auf 40–50 Minuten.

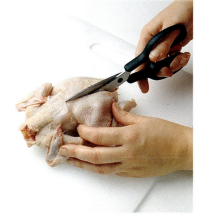

1

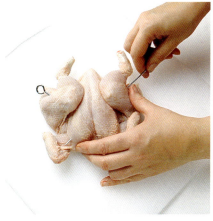

3

1

1. Die Stubenküken mit der Brust nach unten auf ein Brett legen. Mit einer Geflügelschere das Rückgrat teilen. Jeden Vogel leicht flach drücken, bis die Knochen brechen, damit er beim Garen flach liegt.

2. Butter, Knoblauch und Kräuter in einer Schüssel mischen und gut verrühren. Die Brusthaut jedes Stubenkükens anheben und jeweils die Hälfte der Knoblauchbutter unter der Brusthaut verteilen.

3. Die Stubenküken flach ausbreiten. Jeweils 2 Metallspieße diagonal durch jeden Vogel schieben, damit das Geflügel beim Grillen flach bleibt.

4. Die Zutaten für die Glasur in einer Schüssel verrühren.

5. Die Stubenküken mit der Hautseite nach oben 25 Minuten bei mittlerer Hitze über Holzkohle grillen, dabei häufig mit der Zitronen-Kräuter-Glasur bestreichen. Das Geflügel wenden und weitere 15 Minuten grillen, bis das Fleisch gar ist, dabei mehrmals bestreichen. Heiß vom Grill servieren.

Da Hühnerfleisch in der ganzen Welt sehr beliebt ist, finden Sie in diesem Kapitel Rezepte aus Asien, Mexiko, der Karibik, Spanien und Japan. Dem aus Thailand stammenden Rezept für eine köstliche Hühnchenpfanne verleihen Limettensaft, Erdnüsse, Kokos und Chillies seinen authentischen Geschmack. Kashmiri-Huhn ist hingegen ein reichhaltiges und sehr würziges Gericht aus dem Norden Indiens, dessen Sauce aus Joghurt-Tikka-Currypaste, Kreuzkümmel, Ingwer, Chillies und Mandeln zubereitet wird. Das spanische Huhn mit Garnelen präsentiert eine ungewöhnliche Kombination von Huhn, Meeresfrüchten und der berühmten spanischen Wurst Chorizo, die in einer Sauce mit Knoblauch, Tomaten und Weißwein gegart wird. Für besondere Gelegenheiten eignet sich hervorragend ein modernes Gericht wie Aprikosen-Kümmel-Huhn. Aber auch Teppanyaki, eine japanische Spezialität aus Hühnerfleisch mit Paprika, Frühlingszwiebeln und Bohnensprossen, ist in diesem Kapitel zu finden. Dazu wird ein Dip aus Mirin, einem süßen Reiswein gereicht.

Gerichte aus aller Welt

Hühnchen in Austernsauce

Ein köstliches Gericht – pfannengerührtes Hähnchen und Nudeln, geschwenkt in einer Mischung aus Austernsauce und Ei.

Für 4 Personen

250 g asiatische Eiernudeln

450 g Hähnchenschenkel

2 EL Erdnussöl

100 g Karotten, in Scheiben geschnitten

3 EL Austernsauce

2 Eier

3 EL kaltes Wasser

Variation

Nach Belieben können Sie die Eier auch mit Sojasauce oder Hoisin-Sauce statt mit der Austernsauce verfeinern.

1 Die Eiernudeln in eine große Schüssel geben. Mit reichlich kochendem Wasser übergießen und 10 Minuten einweichen.

2 Unterdessen die Hähnchenschenkel entbeinen und die Haut entfernen. Dann das Fleisch mit einem scharfen Messer in kleine Stücke schneiden.

3 Das Erdnussöl in einem großen, vorgewärmten Wok oder einer großen Pfanne erhitzen.

4 Das Fleisch und die Karotten in den Wok oder die Pfanne geben und etwa 5 Minuten unter Rühren braten.

5 Die Nudeln gründlich abtropfen lassen, in den Wok oder die Pfanne geben und 2–3 Minuten pfannenrühren, bis sie durch und durch heiß sind.

6 Austernsauce, Eier und Wasser verquirlen. Die Mischung über die Nudeln und das Fleisch gießen und weitere 2–3 Minuten pfannenrühren, bis die Eier stocken. Das Gericht auf vorgewärmte Servierschalen verteilen und sofort servieren.

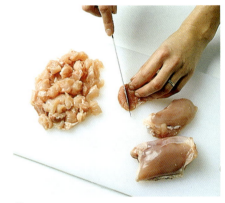

2

4

1

Hühnchen mit gelber Bohnensauce

Die recht salzige, aus gelben Sojabohnen hergestellte Sauce, die für dieses Rezept verwendet wird, ist in asiatischen Lebensmittelgeschäften erhältlich.

GERICHTE AUS ALLER WELT

Für 4 Personen

450 g Hähnchenbrustfilet

1 Eiweiß, verquirlt

1 EL Speisestärke

1 EL Reisessig

1 EL helle Sojasauce

1 TL Zucker

3 EL Pflanzenöl

1 Knoblauchzehe, zerdrückt

1-cm-Stück Ingwerwurzel, gerieben

1 grüne Paprika, entkernt und gewürfelt

2 große Champignons, in Scheiben geschnitten

3 EL gelbe Bohnensauce

gelbe oder grüne Paprikastreifen, zum Garnieren

1 Das Fleisch vom Fett befreien und in 2,5 cm große Würfel schneiden.

2 Das Eiweiß und die Speisestärke in einer flachen Schüssel verquirlen. Das Hühnerfleisch hineinlegen und darin wenden, bis es ganz davon umhüllt ist. 20 Minuten beiseite stellen.

3 Reisessig, Sojasauce und Zucker in einer Schüssel verrühren.

4 Die Fleischwürfel aus der Eiweißmischung nehmen.

5 Das Öl in einem vorgewärmten Wok erhitzen und das Fleisch darin 3–4 Minuten anbraten, bis es goldbraun ist. Mit einem Schaumlöffel herausheben, beiseite stellen und warm halten.

6

7

6 Knoblauch, Ingwer, Paprika und Champignons in den Wok geben und 1–2 Minuten unter Rühren anbraten.

7 Die gelbe Bohnensauce zugeben und alles 1 Minute garen. Die Reisessig-Mischung einrühren und das Fleisch wieder in den Wok geben. 1–2 Minuten pfannenrühren, dann mit Paprikastreifen garnieren und heiß servieren.

Variation

Für dieses Rezept kann auch schwarze statt gelbe Bohnensauce verwendet werden. Da sie viel dunkler ist, sieht das Gericht dann zwar anders aus, schmeckt aber ähnlich.

1

Chinesischer Hühnchenreis

Als Hauptgericht wie auch als Beilage ist dieses Gericht wirklich farbenprächtig und es hält geschmacklich, was es optisch verspricht.

GERICHTE AUS ALLER WELT

Für 4 Personen

350 g Langkornreis

1 TL gemahlene Kurkuma

1 Prise Salz

2 EL Sonnenblumenöl

350 g Hähnchenbrustfilet oder
   Hähnchenschenkel, entbeint und
   in Streifen geschnitten

je 1 rote und grüne Paprika, entkernt
   und in Streifen geschnitten

1 grüne Chili, entkernt und gehackt

1 Karotte, grob geraspelt

150 g Bohnensprossen

6 Frühlingszwiebeln, in Ringe geschnitten

2 EL Sojasauce

Frühlingszwiebelringe, zum Garnieren
   (nach Belieben)

1

4

7

1 Den Reis mit Kurkuma und einer Prise Salz in einen großen Topf mit Wasser geben und etwa 10 Minuten kochen, bis die Reiskörner gerade weich sind. Den Reis gut abtropfen lassen und überschüssiges Wasser mit Küchenpapier herauspressen.

2 Das Öl in einem großen, vorgewärmten Wok erhitzen.

3 Das Fleisch in den Wok geben und bei starker Hitze unter Rühren anbraten, bis es gerade goldbraun ist.

4 Paprika und Chili in den Wok geben und 2–3 Minuten andünsten.

5 Den gekochten Reis portionsweise in den Wok geben. Jedes Mal schwenken, bis er gut untergemischt ist und die Reiskörner nicht mehr zusammenkleben.

6 Karotte, Bohnensprossen und Frühlingszwiebeln zu Fleisch, Reis und Gemüse in den Wok geben und weitere 2 Minuten pfannenrühren.

7 Die Sojasauce darüber träufeln und alles gut mischen.

8 In vorgewärmte Servierschalen füllen, nach Belieben mit Frühlingszwiebeln garnieren und heiß servieren.

Variation

Für das gleiche Rezept können Sie Schweinefleisch nehmen, das Sie zuvor in Hoisin-Sauce marinieren.

Chili-Huhn

Dieses Gericht wird mit frischen Chillies zubereitet und ist sehr scharf. Etwas milder wird es mit der Hälfte der angegebenen Chili-Menge.

Für 4 Personen

350 g Hähnchenbrustfilet

½ TL Salz

1 Eiweiß, leicht verquirlt

2 EL Speisestärke

4 EL Öl

2 Knoblauchzehen, zerdrückt

1-cm-Stück Ingwerwurzel, gerieben

je 1 rote und grüne Paprika, entkernt und gewürfelt

2 frische rote Chillies, gehackt

2 EL helle Sojasauce

1 EL trockener Sherry oder Reiswein

1 EL Reisessig

1 Das Fleisch würfeln und in eine Schüssel geben. Salz, Eiweiß, Speisestärke und 1 Esslöffel Öl zugeben und gut mit dem Fleisch vermengen.

2 Das restliche Öl in einem vorgewärmten Wok erhitzen. Knoblauch und Ingwer darin 30 Sekunden anbraten.

3 Die Fleischwürfel zufügen und 2–3 Minuten pfannenrühren, bis sie gebräunt sind.

4 Paprika, Chili, Sojasauce, Sherry oder Reiswein und Essig einrühren und 2–3 Minuten pfannenrühren, bis das Fleisch gar ist. In eine vorgewärmte Servierschüssel füllen und heiß servieren.

4

1

3

Variation

Probieren Sie das Rezept mit 350 g magerem Rind- oder Schweinefleisch aus, das Sie in schmale Streifen schneiden. Oder ersetzen Sie das Hühnerfleisch durch 450 g rohe Garnelen.

Tipp

Ziehen Sie beim Hacken von Chillies Gummihandschuhe an. Der Saft der Schoten kann Hautreizungen und Brennen verursachen. Berühren Sie nicht das Gesicht, vor allem nicht die Augen und Lippen, ehe Sie sich die Hände gewaschen haben.

GERICHTE AUS ALLER WELT

Butterhühnchen

Einfach zubereitet und groß in der Wirkung – das Butterhühnchen mit seiner sämigen Sauce kommt als Hauptgang eines Abendessens immer gut an.

GERICHTE AUS ALLER WELT

Für 4–6 Personen

100 g Butter

1 EL Öl

2 Zwiebeln, fein gehackt

2-cm-Stück Ingwerwurzel

2 Knoblauchzehen

2 TL Garam Masala

2 TL gemahlener Koriander

1 TL Chilipulver

1 TL schwarze Kreuzkümmelsame

1 TL Salz

3 ganze grüne Kardamomkapseln

3 schwarze Pfefferkörner

150 g Naturjoghurt

2 EL Tomatenmark

8 Hühnerteile, gehäutet

150 ml Wasser

2 Lorbeerblätter

150 g Sahne

GARNIERUNG

frische Korianderblätter

2 grüne Chillies, gehackt

2

2

1 Butter und Öl in einer großen Pfanne erhitzen. Die Zwiebeln darin unter Rühren goldgelb anbraten. Dann die Hitze reduzieren.

2 Den Ingwer schälen und fein reiben und den Knoblauch zerdrücken. In einer Schüssel mit Garam Masala, Koriander, Chilipulver, Kreuzkümmelsamen, Salz, Kardamomkapseln und Pfefferkörnern verrühren. Joghurt und Tomatenmark zugeben und gut vermengen.

3 Die Hühnerteile in die Joghurtmarinade geben und darin wenden, bis sie rundum bedeckt sind.

4 Die marinierten Hühnerteile zu den Zwiebeln in die Pfanne geben und 5–7 Minuten pfannenrühren.

5 Wasser und Lorbeerblätter zufügen und unter gelegentlichem Rühren 30 Minuten köcheln lassen.

6 Die Sahne zugießen und erneut 10–15 Minuten köcheln lassen.

7 Mit Korianderblättern und gehackten Chillies garnieren und heiß servieren.

2

GERICHTE AUS ALLER WELT

Pfefferhühnchen

Bei diesem schnellen Pfannengericht wird schwarzer Pfeffer statt Chilipulver verwendet, sodass die Hähnchenkeulen eine angenehm milde Schärfe erhalten. Dazu schmecken gebratener Mais und Erbsen hervorragend.

Für 4–6 Personen

8 Hähnchenoberkeulen
1 TL fein gehackter frischer Ingwer
1 TL frischer Knoblauch, zerdrückt
1 TL Salz
1½ TL grob gemahlener schwarzer Pfeffer
150 ml Öl
1 grüne Paprika, entkernt und in Streifen geschnitten
150 ml Wasser
2 EL Zitronensaft

GEBRATENER MAIS & ERBSEN
50 g Butter
200 g tiefgefrorener Mais
200 g tiefgefrorene Erbsen
½ TL Salz
½ TL Chilipulver
1 EL Zitronensaft
frische Korianderblätter, zum Garnieren

1

2

6

1 Mit einem scharfen Messer die Hähnchenoberkeulen nach Wunsch entbeinen.

2 Ingwer, Knoblauch, Salz und Pfeffer in einer Schüssel mischen.

3 Die Hähnchenoberkeulen gründlich in der Gewürzmischung wälzen und beiseite stellen.

4 Das Öl in einem großen Topf erhitzen und die Keulen darin etwa 10 Minuten anbraten.

5 Die Hitze reduzieren, Paprika und Wasser zugeben, 10 Minuten köcheln lassen, dann mit Zitronensaft beträufeln.

6 Die Butter in einer Pfanne zerlassen. Mais und Erbsen darin gefroren unter gelegentlichem Rühren 10 Minuten anbraten. Mit Salz und Chilipulver würzen und weitere 5 Minuten braten.

7 Mais und Erbsen mit Zitronensaft beträufeln und mit Korianderblättern garnieren.

8 Die Pfefferhühnchen auf Tellern anrichten und mit gebratenem Mais und Erbsen servieren.

GERICHTE AUS ALLER WELT

Indonesischer Geflügelsalat

Das Erdnussdressing für diesen Salat lässt sich gut im Voraus zubereiten.
Bis zum Verzehr sollten Sie es jedoch im Kühlschrank aufbewahren.

GERICHTE AUS ALLER WELT

3

Für 4 Personen

4 große fest kochende Kartoffeln, gewürfelt

300 g frische Ananas, gewürfelt

2 Karotten, geraspelt

175 g Bohnensprossen

1 Bund Frühlingszwiebeln, in Ringe geschnitten

1 große Zucchini, in feine Stifte geschnitten

3 Selleriestangen, in feine Stifte geschnitten

175 g ungesalzene Erdnüsse

2 Hähnchenbrustfilets (je ca. 125 g), gekocht und in Scheiben geschnitten

Limettenspalten, zum Garnieren

DRESSING

6 EL grobe Erdnussbutter

6 EL Olivenöl

2 EL helle Sojasauce

1 rote Chili, gehackt

2 TL Sesamöl

4 TL Limettensaft

4 5

1 Die Kartoffeln ca. 10 Minuten in kochendem Wasser gar kochen. Anschließend abgießen und abkühlen lassen.

2 Die abgekühlten Kartoffeln in eine Salatschüssel geben.

3 Ananas, Karotten, Bohnensprossen, Frühlingszwiebeln, Zucchini, Sellerie, Erdnüsse und Hühnerfleisch zufügen und alles gut vermengen.

4 Für das Dressing die Erdnussbutter in eine kleine Schüssel geben. Nach und nach das Olivenöl und die Sojasauce zugießen und unterrühren.

5 Chili, Sesamöl und Limettensaft in die Erdnussbuttermischung rühren und gut vermengen.

Tipp

Statt der frischen Ananas können Sie auch ungesüßte Ananas aus der Dose verwenden. Ist nur gesüßte Ananas erhältlich, die abgetropften Früchte vor der Verarbeitung unter fließend kaltem Wasser abspülen.

6 Das Dressing über den Salat gießen und sorgfältig unterheben. Den Salat mit Limettenspalten garnieren und sofort servieren.

Pikantes Erdnusshuhn

Von diesem Gericht sind zahlreiche Variationen bekannt, doch dieses Rezept verwendet die klassischen Zutaten wie Erdnüsse, Huhn und Chillies, die sich zu einem wunderbaren Aroma vereinen.

Für 4 Personen

300 g Hähnchenbrustfilet
2 EL Erdnussöl
125 g Erdnüsse
1 rote Chili, in Ringe geschnitten
1 grüne Paprika, entkernt und
   in Streifen geschnitten
1 TL Sesamöl
gebratener Reis, zum Servieren

SAUCE
150 ml Hühnerbrühe
1 EL chinesischer Reiswein
   oder trockener Sherry
1 EL helle Sojasauce
1½ TL brauner Zucker
2 Knoblauchzehen, zerdrückt
1 TL frisch geriebener Ingwer
1 TL Reisessig

1 Das Fleisch gegebenenfalls vom Fett befreien und in 2,5 cm große Würfel schneiden.

2 Das Erdnussöl in einem vorgewärmten Wok erhitzen. Die Erdnüsse zufügen und unter Rühren 1 Minute anrösten. Mit einem Schaumlöffel aus dem Wok nehmen und beiseite stellen.

3 Das Fleisch in den Wok geben und 1–2 Minuten unter Rühren anbraten. Chili und Paprika zufügen und 1 Minute mitbraten. Dann das Fleisch und das Gemüse mit einem Schaumlöffel aus dem Wok nehmen.

4 Die Hälfte der gerösteten Erdnüsse in einer Küchenmaschine zerkleinern oder in einen Plastikbeutel geben und mit einem Nudelholz zerkleinern.

5 Für die Sauce Hühnerbrühe, Reiswein oder Sherry, Sojasauce, Zucker, Knoblauch, Ingwer und Essig in den Wok geben.

6 Die Sauce erhitzen, aber nicht aufkochen. Alle Erdnüsse, Fleisch, Chili und Paprika zufügen.

7 Mit Sesamöl beträufeln, erneut 1 Minute erhitzen und mit gebratenem Reis servieren.

Tipp

Die Erdnüsse lassen sich in der Küchenmaschine besser zerkleinern (Schritt 4), wenn man etwas Brühe zugibt.

3 4 6

GERICHTE AUS ALLER WELT

GERICHTE AUS ALLER WELT

Knoblauch-Kräuter-Hühnchen in Rotwein

Die köstliche Füllung aus Frischkäse mit Knoblauch und Kräutern ist der Clou.

GERICHTE AUS ALLER WELT

Für 4 Personen

4 Hähnchenbrustfilets
100 g Frischkäse mit Knoblauch
  und Kräutern
8 Scheiben Parmaschinken
150 ml Rotwein
150 ml Hühnerbrühe
1 EL brauner Zucker
Pfeffer

Variation

Nach Belieben können Sie in Schritt 2 vor dem Füllen 2 fein gehackte getrocknete Tomaten unter den Käse mischen.

1

3

2

1 Mit einem scharfen Messer in die Hähnchenbrustfilets seitlich eine Tasche zum Füllen schneiden.

2 Den Frischkäse mit einer Gabel glatt rühren, dann in die Taschen der vorbereiteten Filets füllen.

3 Jedes Hähnchenbrustfilet mit 2 Scheiben Parmaschinken umwickeln und mit Küchengarn fixieren.

4 Rotwein und Brühe in eine große Pfanne gießen und aufkochen. Wenn die Flüssigkeit zu kochen beginnt, den Zucker einstreuen und rühren, bis er aufgelöst ist.

5 Die Hitze reduzieren, die gefüllten Hähnchenbrustfilets zugeben und 12–15 Minuten in der köchelnden Flüssigkeit garen. Das Fleisch ist gar, wenn beim Einstechen klarer Fleischsaft austritt.

6 Das fertig gegarte Fleisch aus der Pfanne nehmen, beiseite stellen und warm halten.

7 Die Sauce mit Pfeffer abschmecken und erneut aufkochen, bis sie eindickt. Das Küchengarn von den Röllchen entfernen. Das Fleisch in Scheiben schneiden, auf Teller verteilen, mit Sauce übergießen und heiß servieren.

Hühnchen im Mandel-Paprika-Mantel

Dieses Gericht besticht durch die gelungene Kombination aus milden Gewürzen wie Sternanis, Ingwer und Koriander. Servieren Sie dazu gekochten Reis.

Für 4 Personen

25 g Butter
100 ml Pflanzenöl
4 Hähnchenbrustfilets, in 4 cm x 2 cm lange Streifen geschnitten
1 Zwiebel, grob gehackt
2-cm-Stück Ingwerwurzel
3 Knoblauchzehen
25 g gehäutete Mandeln
1 große rote Paprika, entkernt und grob gehackt
1 EL gemahlener Kreuzkümmel
2 TL gemahlener Koriander
1 TL gemahlene Kurkuma
1 Prise Cayennepfeffer
½ TL Salz
150 ml Wasser
3 Sternanis
2 EL Zitronensaft
Pfeffer
Mandelblättchen, zum Garnieren
gekochter Reis, zum Servieren

1

1 Die Butter mit 1 Esslöffel Öl in einer Pfanne erhitzen und die Hühnerfleischstreifen 5 Minuten rundum goldbraun anbraten. Auf einen Teller geben und warm stellen.

2 Zwiebel, Ingwer, Knoblauch, Mandeln, Paprika, Kreuzkümmel, Koriander, Kurkuma, Cayennepfeffer und Salz in einen Mixer geben und zu einer sämigen Paste verarbeiten.

3 Das restliche Öl in einem Topf oder einer tiefen Pfanne erhitzen und die Paste unter Rühren 10–12 Minuten braten.

4 Das Fleisch mit Wasser, Sternanis und Zitronensaft in die Paste geben und mit Pfeffer würzen. Abdecken, die Hitze reduzieren und 25 Minuten unter gelegentlichem Rühren sanft köcheln, bis das Fleisch zart ist.

5 Die Hühnerfleischstreifen auf Tellern anrichten, mit Mandelblättchen garnieren und mit gekochtem Reis servieren.

2

4

Kashmiri-Huhn

Dieses würzige, scharfe Gericht ist die Variation eines traditionellen Rezepts aus dem Norden Indiens. Servieren Sie dazu Pilaw-Reis mit Rosinen und Mandeln.

GERICHTE AUS ALLER WELT

Für 4 Personen

4 Hähnchenunterkeulen, gehäutet

4 Hähnchenoberkeulen, gehäutet

150 g Naturjoghurt

4 EL Tikka-Currypaste

2 EL Sonnenblumenöl

1 Zwiebel, in dünne Ringe geschnitten

1 Knoblauchzehe, zerdrückt

1 TL gemahlener Kreuzkümmel

1 TL fein gehackter frischer Ingwer

½ TL Chilipaste

4 TL Hühnerbrühe

2 EL gemahlene Mandeln

Salz

frische Korianderzweige, zum Garnieren

ZUM SERVIEREN

Pilaw-Reis

eingelegte Gurken

Poppadoms

Variation

Statt der Hähnchenkeulen können Sie auch Hähnchenbrustfilets verwenden, die in breite Streifen geschnitten werden.

2

1 Die Hühnerteile mit einem scharfen Messer mehrfach einschneiden und in eine große Schüssel geben.

2 Joghurt und Currypaste mischen, zu den Hühnerteilen geben und diese gründlich darin wälzen. Abdecken und mindestens 1 Stunde kalt stellen.

3 Das Öl in einer großen Pfanne erhitzen und Zwiebel und Knoblauch darin 4–5 Minuten andünsten, aber nicht bräunen.

4 Kreuzkümmel, Ingwer und Chilipaste zugeben und 1 Minute sanft köcheln.

5 Das Fleisch zufügen und 10 Minuten unter mehrfachem Wenden sanft goldbraun anbraten. Dann die restliche Marinade mit Brühe und Mandeln einrühren.

6 Abdecken und 15 Minuten köcheln, bis das Fleisch gar und zart ist.

7 Mit ein wenig Salz abschmecken und mit frischem Koriander garnieren. Mit Pilaw-Reis, eingelegten Gurken und Poppadoms servieren.

3

4

GERICHTE AUS ALLER WELT

Scharfe Hühnchen-Tortillas

Servieren Sie diese einfach zuzubereitenden Tortillas Ihren Freunden oder im Kreise der Familie. Die Hühnchenfüllung ist leicht würzig, und ein frischer Salat bildet die ideale Beilage.

Für 4 Personen

2 EL Öl

6 Hähnchenschenkel, gehäutet, entbeint und in Streifen geschnitten

1 Zwiebel, gehackt

2 Knoblauchzehen, gehackt

1 TL Kreuzkümmelsamen, grob zerstoßen

2 getrocknete Chillies, in Ringe geschnitten

400 g Tomaten aus der Dose

400 g Kidney-Bohnen aus der Dose, abgetropft

150 ml Hühnerbrühe

2 TL Zucker

Salz und Pfeffer

Limettenspalten, zum Garnieren

ZUM SERVIEREN

1 große reife Avocado

1 Limette

8 Tortillas

250 g Naturjoghurt

Variation

Für eine vegetarische Tortilla-Füllung können Sie das Hühnerfleisch durch Cannellini-Bohnen ersetzen und statt Hühnerbrühe Gemüsebrühe verwenden.

1

2

3

1 Das Öl in einer großen Pfanne oder einem Wok erhitzen und das Fleisch 3 Minuten rundum goldbraun anbraten. Die Zwiebel zufügen und unter Rühren weitere 5 Minuten dünsten, bis sie bräunt. Knoblauch, Kümmel und Chillies zufügen und 1 weitere Minute dünsten.

2 Tomaten, Kidney-Bohnen, Brühe und Zucker zugeben und mit Salz und Pfeffer abschmecken. Zum Kochen bringen und die Tomaten zerdrücken. Abdecken und 15 Minuten köcheln. Aufdecken und unter Rühren weitere 5 Minuten kochen, bis die Sauce eindickt.

3 Die Avocado halbieren, den Kern entfernen und das Fruchtfleisch mit einem Löffel aus der Schale lösen. Auf einen Teller geben und mit einer Gabel zerdrücken. Die Limette auspressen und den Saft über die Avocado geben.

4 Die Tortillas erwärmen. Je 2 Tortillas auf einen Teller legen, mit der Hühnchenmischung füllen und je 1 Esslöffel Avocado und Joghurt darauf geben. Mit Limettenspalten garnieren und servieren.

GERICHTE AUS ALLER WELT

321

Zwiebel-Hühnchen-Curry

Bei diesem Hühnchencurry wird das Hühnerfleisch ausnahmsweise nicht in Joghurt mariniert. Zu diesem würzigen Gericht ist Reis eine ausgezeichnete Beilage.

Für 4 Personen

300 ml Öl

4 Zwiebeln, fein gehackt

1½ TL fein gehackter frischer Ingwer

1½ TL Garam Masala

1½ TL Knoblauch, zerdrückt

1 TL Chilipulver

1 TL gemahlener Koriander

3 Kardamomkapseln

3 Pfefferkörner

3 EL Tomatenmark

8 Hähnchenoberkeulen, gehäutet

300 ml Wasser

2 EL Zitronensaft

1 grüne Chili

frische Korianderblätter

grüne Chillies, in Streifen geschnitten, zum Garnieren

Tipp

Ein Fleischgericht mit reichlich Zwiebeln heißt in Indien Dopiaza. Dieses Curry schmeckt noch besser, wenn man es im Voraus zubereitet, damit sich die Aromen voll entfalten können. Vor dem Servieren braucht man es nur noch aufzuwärmen.

1 Das Öl in einer großen Pfanne erhitzen und die Zwiebeln darin unter gelegentlichem Rühren goldbraun anbraten.

2 Die Hitze reduzieren und Ingwer, Garam Masala, Knoblauch, Chilipulver, Koriander, Kardamomkapseln und Pfefferkörner unterrühren.

3 Das Tomatenmark zufügen und das Curry 5–7 Minuten pfannenrühren.

4 Die Hähnchenoberkeulen in die Pfanne geben und in der Würzmischung wälzen.

5 Mit Wasser ablöschen, abdecken und 20–25 Minuten köcheln lassen.

6 Zitronensaft, Chili und Korianderblätter zugeben und verrühren.

7 Das Curry auf vorgewärmte Teller füllen, mit Chilistreifen garnieren und heiß servieren.

Huhn auf indische Art

Servieren Sie diese indisch marinierten Hähnchenbrustfilets mit einem erfrischenden Tomaten-Gurken-Relish.

Für 4 Personen

1 Knoblauchzehe, zerdrückt
1 grüne Chili, entkernt und fein gehackt
2,5-cm-Stück Ingwerwurzel, fein gehackt
6 EL magerer Naturjoghurt
1 EL Tomatenmark
1 TL gemahlene Kurkuma
1 TL Garam Masala
1 EL Limettensaft
Salz und Pfeffer
4 Hähnchenbrustfilets (je ca. 125 g)
Limetten- oder Zitronenspalten, zum Garnieren

RELISH
4 Tomaten
¼ Salatgurke
1 kleine rote Zwiebel
2 EL frisch gehackter Koriander
Salz und Pfeffer

1

2

1 Knoblauch, Chili, Ingwer, Joghurt, Tomatenmark, Kurkuma, Garam Masala, Limettensaft, Salz und Pfeffer in einer kleinen Schale vermengen.

2 Den Backofen auf 190 °C vorheizen. Das Fleisch waschen, mit Küchenpapier trockentupfen und auf ein Backblech legen. Die Filets mit der Joghurtpaste bestreichen und im Ofen 30–35 Minuten backen, bis sie gar sind.

3 Inzwischen für das Relish Tomaten, Gurke und Zwiebel fein würfeln, mit dem Koriander vermengen und mit Salz und Pfeffer abschmecken. Anschließend abgedeckt bis zum Verzehr in den Kühlschrank stellen.

4 Die gegarten Hähnchenbrustfilets auf Küchenpapier abtropfen lassen und heiß mit dem vorbereiteten Relish servieren. Oder das Fleisch mindestens 1 Stunde abkühlen lassen, in Scheiben schneiden und auf einem Salatbett anrichten. Mit Limetten- oder Zitronenspalten garnieren.

3

Variation

Diese würzige Joghurtpaste passt auch sehr gut zu Fisch mit hellem, festem Fleisch wie z. B. Kabeljaufilets. Den Fisch mit der Joghurtpaste bestreichen und die Garzeit auf 15–20 Minuten reduzieren.

Spanisches Huhn mit Garnelen

Diese ungewöhnliche Kombination aus Hühnchen und Garnelen ist typisch für die spanische Küche. Die Basis des Rezepts ist ein Sofrito, eine dick eingekochte Mischung aus Tomaten und Zwiebeln in Olivenöl mit Knoblauch und Paprika.

GERICHTE AUS ALLER WELT

Für 4 Personen

4 Hühnerviertel

1 EL Olivenöl

1 rote Paprika

1 Zwiebel

2 Knoblauchzehen, zerdrückt

400 g gewürfelte Tomaten aus der Dose

200 ml trockener Weißwein

4 EL frisch gehackter Oregano

Salz und Pfeffer

125 g Chorizo

125 g gekochte Garnelen, ausgelöst

gekochter Reis, zum Servieren

Tipp

Chorizo ist eine scharfe spanische Wurst aus Schweinefleisch, gewürzt mit Paprika und Pfeffer. Sie ist in großen Supermärkten und bei einigen Metzgern erhältlich.

1

4

2

3 Knoblauch, Tomaten, Wein und Oregano zugeben und mit Salz und Pfeffer abschmecken. Aufkochen, abdecken und 45 Minuten sanft köcheln, bis das Fleisch gar ist und beim Einstechen klarer Fleischsaft austritt.

4 Die Chorizo in dünne Scheiben schneiden und mit den Garnelen in die Pfanne geben. Weitere 5 Minuten köcheln, erneut abschmecken und mit Reis servieren.

1 Die Hühnerviertel häuten. Das Öl in einer großen Pfanne erhitzen und die Hühnerviertel unter mehrfachem Wenden rundum goldbraun anbraten.

2 Die Paprika entkernen und mit einem scharfen Messer in Streifen schneiden. Die Zwiebel schälen und in Ringe schneiden. Beides in die Pfanne geben und sanft andünsten.

GERICHTE AUS ALLER WELT

Tropisches Huhn

Die Kokosraspel verleihen diesem exotischen Gericht ein delikates tropisches Aroma. Statt der Unterschenkel können Sie beliebige Hühnerteile verwenden.

GERICHTE AUS ALLER WELT

3

Für 4 Personen

8 Hähnchenunterkeulen, gehäutet

2 Limetten

1 TL Cayennepfeffer

2 Mangos

1 EL Sonnenblumenöl

2 EL Muskovado-Zucker

GARNIERUNG

Limettenspalten

frische Petersilie

2 EL grob geriebene Kokosraspel

(nach Belieben)

4

5

1 Die Hähnchenunterkeulen mehrfach quer einschneiden und in eine große Schüssel geben.

2 Die Limettenschale dünn abreiben und beiseite stellen.

3 Die Limetten auspressen und den Saft über das Fleisch träufeln. Mit dem Cayennepfeffer bestreuen. Abdecken und mindestens 2 Stunden oder über Nacht kalt stellen.

4 Die Mangos schälen und halbieren. Die Steine auslösen und das Fruchtfleisch in Streifen schneiden.

5 Die Unterkeulen mit einem Schaumlöffel aus der Marinade heben. Die Marinade aufbewahren. Das Öl in einer großen Pfanne erhitzen und die Schenkel unter mehrfachem Wenden rundum goldbraun anbraten. Marinade, Limettenschale, Mangostreifen und Zucker zufügen und einrühren.

6 Abdecken und 15 Minuten unter Rühren köcheln, bis das Fleisch gar ist und beim Einstechen klarer Fleischsaft austritt. Mit Limettenspalten und frischer Petersilie garnieren. Nach Geschmack mit Kokosraspeln bestreuen und servieren.

Tipp

Reife Mangos können verschiedene Färbungen von Grün bis Rosarot haben. Auch das Fruchtfleisch kann von Gelb bis Orange variieren. Wählen Sie eine Mango, die bei leichtem Druck etwas nachgibt.

Aprikosen-Kümmel-Huhn

Die Hähnchenschenkel werden teilweise entbeint und mit getrockneten Aprikosen gefüllt, was ihnen ein herrlich fruchtiges Aroma verleiht. In der goldbraunen und fettarmen Joghurtkruste bleibt das Fleisch saftig und zart.

Für 4 Personen

4 große Hähnchenschenkel, gehäutet
abgeriebene Schale von 1 Zitrone
Salz und Pfeffer
200 g getrocknete Aprikosen
1 EL gemahlener Kreuzkümmel
1 TL gemahlene Kurkuma
125 g magerer Naturjoghurt
Zitronenspalten, zum Garnieren

ZUM SERVIEREN
250 g Naturreis
2 EL Haselnuss- oder Mandelblätter, geröstet
2 EL Sonnenblumenkerne, geröstet
knackiger grüner Salat

2

4

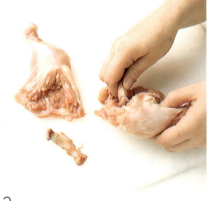

3

1 Überschüssiges Fett von den Hähnchenschenkeln entfernen.

2 Mit einem scharfen Messer vorsichtig das Fleisch am Oberschenkel bis zum Knochen einschneiden.

3 Das Fleisch bis zum Gelenk vom Knochen lösen. Den Oberschenkelknochen in die Hand nehmen, vom Unterschenkelknochen abdrehen und herausziehen.

4 Das Oberschenkelfleisch aufklappen und von innen mit Zitronenschale und Pfeffer bestreuen. Die Oberschenkel mit getrockneten Aprikosen füllen, zusammenfalten und mit einem Zahnstocher verschließen.

5 Den Backofen auf 190 °C vorheizen. Kreuzkümmel, Kurkuma und Joghurt mischen und mit Salz und Pfeffer abschmecken. Die Hähnchenschenkel gleichmäßig damit bestreichen. In einen Bräter geben und 35–40 Minuten im Ofen backen, bis das Fleisch gar ist und beim Einstechen klarer Fleischsaft austritt.

6 Unterdessen den Reis in kochendem, leicht gesalzenem Wasser gar kochen, abtropfen und mit Haselnüssen oder Mandeln und Sonnenblumenkernen vermischen. Die Hähnchenschenkel mit Zitronenspalten garnieren und mit dem Reis und grünem Salat servieren.

GERICHTE AUS ALLER WELT

Hühnchen nach Tandoori-Art

Das indische Tandoori-Huhn wird traditionell im Tandoor, einem Lehmofen, gebacken. Heizen Sie den Backofengrill bei hoher Temperatur vor und grillen Sie darin die Hähnchenunterkeulen bei mittlerer Hitze.

GERICHTE AUS ALLER WELT

2

Für 4 Personen

8 Hähnchenunterkeulen, gehäutet

150 g Naturjoghurt

1½ TL frisch gehackter Ingwer

2 Knoblauchzehen, zerdrückt

1 TL Chilipulver

2 TL gemahlener Kreuzkümmel

2 TL gemahlener Koriander

1 TL Salz

½ TL rote Lebensmittelfarbe

1 EL Tamarindenpaste

150 ml Wasser

150 ml Öl

GARNIERUNG

Salatblätter

Zwiebelringe

Tomatenscheiben

Zitronenspalten

1 Die Hähnchenunterkeulen je zwei- bis dreimal schräg einschneiden.

2 Den Joghurt in einer Schüssel mit Ingwer, Knoblauch, Chilipulver, Kreuzkümmel, Koriander, Salz und Lebensmittelfarbe gründlich verrühren.

3

3 Die Hähnchenunterkeulen in die Joghurtmischung legen und gründlich darin wenden. Mindestens 3 Stunden im Kühlschrank marinieren.

4 Anschließend die Tamarindenpaste in einer anderen Schüssel mit Wasser verrühren, zur Joghurtmarinade geben und mischen. Die Keulen nun auch in dieser Mischung weitere 3 Stunden marinieren.

5

Tipp

Servieren Sie zu diesem Gericht Naan-Brot und eine erfrischende Raita aus gehacktem Knoblauch, Gurke und Naturjoghurt.

5 Die Hähnchenunterkeulen in eine ofenfeste Form geben, mit Öl bestreichen und 30–35 Minuten unter dem vorgeheizten Backofengrill bei mittlerer Hitze grillen. Dabei gelegentlich wenden und mit dem restlichen Öl bestreichen.

6 Das Fleisch auf einem Salatbett anrichten und mit Zwiebelringen, Tomaten und Zitronenspalten garnieren.

GERICHTE AUS ALLER WELT

Hühnchen-Gumbo

Dieser Hühnchen-Reis-Eintopf ist ein vollständiges Hauptgericht für zwei Personen. Kochen Sie nur für eine Person, halbieren Sie einfach die Zutaten; die Garzeit sollte die gleiche bleiben.

Für 2 Personen

1 EL Sonnenblumenöl

4 Hähnchenoberkeulen

1 kleine Zwiebel, gewürfelt

2 Selleriestangen, gewürfelt

1 kleine grüne Paprika, entkernt und gewürfelt

90 g Langkornreis

300 ml Hühnerbrühe

1 kleine rote Chili

250 g Okra

1 EL Tomatenmark

Salz und Pfeffer

1 Das Öl in einem großen Topf erhitzen und die Hähnchenoberkeulen rundum goldbraun braten. Mit einem Schaumlöffel herausheben und beiseite stellen. Zwiebel, Sellerie und Paprika 1 Minute dünsten. Überschüssiges Fett abgießen.

2 Den Reis zugeben und unter kräftigem Rühren 1 Minute anbraten. Die Brühe zugießen und aufkochen.

3 Die Chili in dünne Ringe schneiden, die Okra putzen. Mit dem Tomatenmark in den Topf geben und mit Salz und Pfeffer abschmecken.

4 Die Keulen in den Topf geben. Abdecken und 15 Minuten sanft köcheln, bis Reis und Fleisch gar sind und die Flüssigkeit absorbiert ist. Dabei häufig rühren und eventuell Brühe nachgießen, wenn das Gumbo zu trocken wird. Sofort servieren.

3

2

3

Tipp

Durch die Chili wird das Gumbo würzig-scharf. Wenn Sie das Gumbo etwas milder bevorzugen, entkernen Sie die Chili.

Variation

Auf Wunsch können Sie das Hühnerfleisch durch 250 g rohe Garnelen und 90 g Schweinebauch ersetzen. Das Schweinefleisch würfeln, anbraten und dann die Zwiebel zugeben. Die ausgelösten Garnelen 5 Minuten vor Ende der Garzeit zufügen.

Thailändische Hühnchenpfanne

Die Verwendung von Kokoscreme macht diese thailändische Spezialität, die mit grüner Chili gespickt ist, besonders cremig und schmackhaft.

GERICHTE AUS ALLER WELT

2

Für 4 Personen

3 EL Sesamöl

350 g Hähnchenbrustfilet,
   in dünne Streifen geschnitten

Salz und Pfeffer

8 Schalotten, in Ringe geschnitten

2 Knoblauchzehen, fein gehackt

1 grüne Chili, fein gehackt

2,5-cm-Stück Ingwerwurzel, fein gerieben

je 1 grüne und rote Paprika, entkernt
   und in dünne Streifen geschnitten

3 Zucchini, in dünne Scheiben geschnitten

2 EL gemahlene Mandeln

1 TL Zimt

1 EL Austernsauce

50 g Kokoscreme, gerieben

3

Tipp

Kokoscreme wird in Blöcken verkauft und ist in asiatischen Lebensmittelgeschäften erhältlich. Freunde der asiatischen Küche sollten sie vorrätig haben, da sie den Geschmack vieler Gerichte abrundet.

1 Das Sesamöl in einer großen Pfanne oder einem Wok erhitzen, die Fleischstreifen zugeben, mit Salz und Pfeffer würzen und 4 Minuten pfannenrühren.

2 Schalotten, Knoblauch, Chili und Ingwer zugeben und weitere 2 Minuten pfannenrühren.

3 Paprika und Zucchini zugeben und 1 Minute dünsten.

4 Die restlichen Zutaten zufügen, abschmecken und 1 weitere Minute pfannenrühren. Sofort servieren.

4

Tipp

Die Schärfe der Chillies sitzt hauptsächlich in den Samen. Wer mildere Speisen bevorzugt, sollte sie entfernen. Beim Umgang mit Chillies niemals die Augen reiben: Das brennt und tut sehr weh. Man sollte sich nach dem Anfassen von Chillies immer gründlich die Hände waschen.

Hühnchen Jalfrezi

Mittlerweile ein Klassiker – und ein köstliches Rezept für Geflügel aller Art. Die Sauce passt auch zu Lamm- und Rindfleisch.

Für 4 Personen

1 TL Senföl
3 EL Pflanzenöl
1 große Zwiebel, fein gehackt
3 Knoblauchzehen, zerdrückt
1 EL Tomatenmark
2 Tomaten, geschält und gehackt
1 TL gemahlene Kurkuma
½ TL gemahlener Kreuzkümmel
½ TL gemahlener Koriander
½ TL Chilipulver
½ TL Garam Masala
1 TL Rotweinessig
1 kleine rote Paprika, entkernt und in Streifen geschnitten
125 g dicke Bohnen, Tiefkühlware aufgetaut
500 g Hähnchenbrustfilet, gekocht und in mundgerechte Stücke geschnitten
Salz
frische Korianderzweige, zum Garnieren

1 Das Senföl in einer großen Pfanne 1 Minute rauchheiß erhitzen. Das Pflanzenöl zugießen, die Temperatur reduzieren, Zwiebel und Knoblauch zugeben und goldgelb anbraten.

2 Tomatenmark, Tomaten, Kurkuma, Kreuzkümmel, Koriander, Chilipulver, Garam Masala und Rotweinessig zugeben und pfannenrühren, bis sich ein Curryduft entwickelt.

3 Paprika und Bohnen zufügen und 2 Minuten pfannenrühren. Das Hühnerfleisch einrühren und mit Salz abschmecken. Das Curry 6–8 Minuten köcheln, bis die Bohnen gar sind.

4 Mit Korianderzweigen garnieren und heiß servieren.

2

3

Tipp

Auf Jalfrezi-Art lässt sich jedes übrig gebliebene Geflügel wie Hühnchen, Pute oder Ente schmackhaft verwerten. Auch beim Gemüse können Sie alternativ zu anderen Hülsenfrüchten, zu Zucchini, Kartoffeln oder Brokkoli greifen.

1

GERICHTE AUS ALLER WELT

Hühnerklößchen mit Mais

Diese zarten Fleischbällchen werden in einer süß-sauren Sauce gereicht.

Für 4 Personen

450 g mageres Hühnerfleisch, durch den Fleischwolf gedreht

4 Frühlingszwiebeln, fein gehackt, plus etwas mehr zum Garnieren

1 kleine rote Chili, entkernt und fein gehackt

2,5-cm-Stück Ingwerwurzel, fein gehackt

100 g Mais aus der Dose, abgetropft

Salz und weißer Pfeffer

gekochter Jasminreis, zum Servieren

SAUCE

150 g frische Hühnerbrühe

100 g Ananas im eigenen Saft aus der Dose, abgetropft und gewürfelt, dabei 4 EL Saft aufgefangen

1 Karotte, in dünne Scheiben geschnitten

je 1 kleine rote und grüne Paprika, entkernt und gewürfelt

1 EL helle Sojasauce

2 EL Reisessig

1 EL Zucker

1 EL Tomatenmark

2 TL Speisestärke, mit 4 TL Wasser angerührt

2

2

1 Für die Klößchen das Fleisch mit Frühlingszwiebeln, Chili, Ingwer und Mais in einer Schüssel gut verkneten und mit Salz und Pfeffer würzen.

2 Aus der Mischung 16 Klößchen formen und diese in einen mit Backpapier ausgelegten Gareinsatz eines Dampfkochtopfs geben. Den Topf mit Wasser füllen, das Wasser aufkochen und die Klößchen darüber 10–12 Minuten dämpfen.

3 Für die Sauce die Brühe und den aufgefangenen Ananassaft in einen Topf geben und aufkochen. Dann Karotte und Paprika zufügen und 5 Minuten in der Sauce köcheln lassen.

3

4 Die übrigen Zutaten zufügen und unter Rühren die Sauce weiterkochen, bis sie eindickt.

5 Die fertigen Klößchen auf einer Servierplatte anrichten, mit Frühlingszwiebeln garnieren und mit der Sauce zu gekochtem Jasminreis servieren.

GERICHTE AUS ALLER WELT

Teppanyaki

Für die japanische Zubereitungsart wird das Fleisch in ganz dünne Streifen geschnitten. Dazu wird ein Dip aus Mirin, einem süßen Reiswein, gereicht.

Für 4 Personen

4 Hähnchenbrustfilets
1 rote Paprika
1 grüne Paprika
4 Frühlingszwiebeln
8 Babymaiskolben
100 g Bohnensprossen
1 EL Sesam- oder Sonnenblumenöl
4 EL Sojasauce
4 EL Mirin
1 EL frisch geriebener Ingwer

Tipp

Mirin ist in asiatischen Lebensmittelläden erhältlich. Wenn Sie keinen Mirin finden können, geben Sie 1 EL braunen Zucker mit in die Sauce.

Variation

Sie können das Hühnerfleisch auch in der Sauce marinieren. Das Fleisch sollte aber nicht länger als 2 Stunden marinieren, da es sonst von der Sojasauce ausgetrocknet und zäh wird. Sie können für dieses Rezept auch anderes Gemüse, z. B. Zuckererbsen oder in dünne Scheiben geschnittene Karotten, verwenden.

1

2

1 Die Hähnchenbrustfilets mit einem scharfen Messer leicht diagonal in ca. 5 mm dünne Streifen schneiden.

2 Die Paprika entkernen und in dünne Streifen schneiden. Die Frühlingszwiebeln in dünne Ringe und die Maiskolben in Scheiben schneiden. Paprika, Frühlingszwiebeln und Mais mit Bohnensprossen und Hühnerfleischstreifen auf einen Teller geben.

3 Eine große Pfanne oder einen Wok heiß mit Öl bestreichen und Gemüse und Fleisch portionsweise darin anbraten, damit die Einzelteile nicht übereinander liegen und gut durchbraten.

4 Sojasauce, Mirin und Ingwer in einer kleinen Schüssel verrühren und als Dip zu Gemüse und Fleisch servieren.

4

Mexikanisches Huhn

Chillies, Tomaten und Mais sind traditionelle Zutaten der mexikanischen Küche.

GERICHTE AUS ALLER WELT

Für 4 Personen

2 EL Öl
8 Hähnchenunterkeulen
1 Zwiebel, fein gehackt
1 TL Chilipulver
1 TL gemahlener Koriander
400 g gewürfelte Tomaten aus der Dose
2 EL Tomatenmark
125 g Mais, Tiefkühlware aufgetaut
Salz und Pfeffer

ZUM SERVIEREN

gekochter Reis
bunter Paprikasalat

Tipp

Mexikanische Gerichte eignen sich aufgrund ihrer intensiven Gewürze wie Chili meist nicht zum Einfrieren, da die Schärfe sich intensiviert. Sie entwickeln nach einiger Zeit zudem einen seltsamen Beigeschmack.

1

2

1 Das Öl in einer großen Pfanne erhitzen und die Hähnchenunterkeulen bei mittlerer Hitze rundum leicht bräunen. Mit einem Schaumlöffel herausheben und beiseite stellen.

2 Die Zwiebel in die Pfanne geben und 3–4 Minuten dünsten. Dann Chilipulver und Koriander einrühren und einige Sekunden dünsten. Dabei kräftig rühren, damit die Gewürze nicht am Pfannenboden haften bleiben. Die Tomaten mit ihrem Saft und das Tomatenmark zugeben und gut verrühren.

3

3 Die Hähnchenunterkeulen wieder in die Pfanne geben und 20 Minuten köcheln, bis sie gar sind. Den Mais zugeben, weitere 3–4 Minuten köcheln und mit Salz und Pfeffer abschmecken.

4 Das Fleisch mit Reis und einem bunten Paprikasalat servieren.

GERICHTE AUS ALLER WELT

Hühnchen Chow-Mein

Dieses Gericht – eine Komposition aus Hähnchenbrust, Paprika, Frühlingszwiebeln, Pilzen und Bohnensprossen – ist ein klassisches Rezept der chinesischen Küche und international bekannt und beliebt.

GERICHTE AUS ALLER WELT

Für 4 Personen

250 g asiatische Eiernudeln

2 EL Sonnenblumenöl

275 g Hähnchenbrustfilet, gekocht
und klein geschnitten

1 Knoblauchzehe, fein gehackt

1 rote Paprika, entkernt und
in dünne Streifen geschnitten

100 g Shiitake-Pilze,
in Scheiben geschnitten

6 Frühlingszwiebeln, in Ringe geschnitten

100 g Bohnensprossen

3 EL Sojasauce

1 EL Sesamöl

1

5

4

Variation

Sie können das Chow-Mein statt mit Hühnerfleisch auch als vegetarisches Gericht zubereiten und dazu weitere Gemüsesorten verwenden.

1 Die Eiernudeln in eine große Schüssel geben und grob voneinander trennen.

2 Die Nudeln mit kochendem Wasser bedecken und quellen lassen.

3 Das Öl in einem großen, vorgewärmten Wok erhitzen.

4 Hühnerfleisch, Knoblauch, Paprika, Pilze, Frühlingszwiebeln und Bohnensprossen zugeben und 5 Minuten pfannenrühren.

5 Die Nudeln gründlich abtropfen lassen. In den Wok geben, gut unterheben und weitere 5 Minuten pfannenrühren.

6 Sojasauce und Sesamöl zugießen und gut verrühren.

7 Das fertige Gericht auf vorgewärmte Servierschalen verteilen und sofort servieren.

Zitronenhuhn

Dies ist eines der beliebtesten chinesischen Gerichte – und sehr einfach zubereitet. Frittierte Hühnerfleischstreifen werden mit einer Zitronen-Sherry-Sauce serviert. Für eine vollwertige Mahlzeit reichen Sie frisches Wok-Gemüse dazu.

GERICHTE AUS ALLER WELT

Für 4 Personen

Pflanzenöl, zum Frittieren

650 g Hähnchenbrustfilet, in Streifen geschnitten

SAUCE

1 EL Speisestärke

6 EL kaltes Wasser

3 EL Zitronensaft

2 EL süßer Sherry

½ TL Zucker

Salz

GARNIERUNG

Zitronenscheiben

Frühlingszwiebeln, in Ringe geschnitten

Tipp

Statt Hühnerfleischstreifen können Sie auch Hühnerviertel verwenden. Braten Sie diese etwa 30 Minuten bei geringer Hitze abgedeckt im Öl, bis sie durchgegart sind.

1. Das Öl zum Frittieren in einem vorgewärmten Wok auf 180 °C erhitzen, sodass ein Brotwürfel darin in 30 Sekunden bräunt. Die Hitze reduzieren und die Fleischstreifen 3–4 Minuten pfannenrühren, bis sie gar und zart sind. Das Fleisch mit einem Schaumlöffel herausheben, beiseite stellen und warm halten. Das Öl weggießen.

2. Für die Sauce die Speisestärke mit 2 Esslöffel Wasser zu einer Paste verrühren.

3

4

1

3. Den Zitronensaft und das restliche Wasser in den Wok gießen. Den Sherry und den Zucker zufügen, mit Salz würzen und alles aufkochen. Dabei stetig rühren, bis sich der Zucker vollständig aufgelöst hat.

4. Die Speisestärkepaste einrühren und erneut zum Kochen bringen. Die Hitze reduzieren und 2–3 Minuten weiterrühren, bis die Sauce andickt und klar wird.

5. Das Fleisch auf einen vorgewärmten Servierteller geben und die Sauce darüber gießen. Mit Zitronenscheiben und Frühlingszwiebeln garnieren und sofort servieren.

Fruchtiges Curryhuhn

Servieren Sie dieses fruchtige Hühnchencurry mit Mango-Chutney und Naan-Brot. Die Ananas kann auch durch Mango oder Birne ersetzt werden.

Für 4–6 Personen

1 EL Öl
900 g Hühnerfleisch, gehäutet und grob gewürfelt
60 g Würzmehl
32 Schalotten, grob gehackt
4 Knoblauchzehen, mit etwas Olivenöl zerdrückt
3 Kochäpfel, entkernt und gewürfelt
1 Ananas, gewürfelt
125 g Sultaninen
1 EL Honig
300 ml Hühnerbrühe
2 EL Worcestersauce
3 EL scharfe Currypaste
Salz und Pfeffer
150 g saure Sahne
Orangenscheiben, zum Garnieren
gekochter Reis, zum Servieren

1 Das Öl in einer großen Pfanne erhitzen. Das Hühnerfleisch im Würzmehl wenden und 4 Minuten rundum goldbraun anbraten. In einen großen Topf geben und warm stellen.

2 Schalotten, Knoblauch, Äpfel, Ananas und Sultaninen sanft im Bratensaft dünsten.

3 Honig, Hühnerbrühe, Worcestersauce und Currypaste einrühren und mit Salz und Pfeffer abschmecken.

4 Den Backofen auf 180 °C vorheizen. Die Sauce über das Fleisch gießen und den Topf mit Alufolie oder einem Deckel abdecken.

5 Etwa 2 Stunden im Backofen garen. Dann die saure Sahne einrühren und weitere 15 Minuten garen. Das Hühnchencurry mit Orangenscheiben garnieren und mit Reis servieren.

Variation

Kokosreis ist eine delikate Beilage zu diesem Hühnchencurry. 25 g Kokoscreme, 1 Zimtstange und 600 ml Wasser in einen großen Topf geben und zum Kochen bringen. 350 g Basmati-Reis zufügen, abdecken und 15 Minuten sanft köcheln, bis der Reis die Flüssigkeit aufgenommen hat. Die Zimtstange vor dem Servieren herausnehmen.

2

3

5

GERICHTE AUS ALLER WELT

Pikantes indisches Hühnchen

Dieses pikante Hühnchen wird – für die indische Küche ungewöhnlich – im Backofen gegart. Man kann die Hühnerviertel auch entbeint zubereiten.

GERICHTE AUS ALLER WELT

5

Für 4 Personen

50 g gemahlene Mandeln

50 g Kokosraspel

50 ml Öl

1 Zwiebel, fein gehackt

1 TL fein gehackter frischer Ingwer

1 TL Knoblauch, zerdrückt

1 TL Chilipulver

1½ TL Garam Masala

1 TL Salz

150 g Joghurt

4 Hühnerviertel, gehäutet

grüne Salatblätter, zum Servieren

GARNIERUNG

frische Korianderblätter

1 Zitrone, in Spalten geschnitten

1. Die Mandeln und Kokosraspel in einem gusseisernen Topf trocken rösten und beiseite stellen.

2. Das Öl in einer Pfanne erhitzen und darin die Zwiebel unter Rühren goldbraun anbraten.

1

3

3. Ingwer, Knoblauch, Chilipulver, Garam Masala und Salz in einer Schüssel mit dem Joghurt verrühren. Mandeln und Kokosflocken zugeben und gut vermengen.

4. Die gebratene Zwiebel in die Gewürzmischung geben und unterrühren. Beiseite stellen.

5. Den Backofen auf 160 °C vorheizen. Die Hühnerviertel in eine ofenfeste Form legen und dünn mit der Gewürzmischung bedecken.

6. Im Backofen 35–45 Minuten backen, bis das Fleisch gar ist und beim Einstechen an der dicksten Stelle klarer Fleischsaft austritt. Die Hühnerviertel auf einen Servierteller geben, mit Koriander und Zitronenspalten garnieren und mit grünen Salatblättern servieren.

Tipp

Für eine stärkere Würze geben Sie mehr Chilipulver und Garam Masala hinzu.

Goldener Hühnchen-Pilaw

Dieses Rezept ist eine schlichtere Variation des cremigen und mild gewürzten indischen Pilaws. Trotz der zahlreichen Zutaten ist dieses Reisgericht schnell und einfach zuzubereiten.

GERICHTE AUS ALLER WELT

1

Für 4 Personen

60 g Butter

8 Hähnchenschenkel, gehäutet, entbeint und in große Stücke geschnitten

1 Zwiebel, in Ringe geschnitten

1 TL gemahlene Kurkuma

1 TL Zimt

250 g Langkornreis

Salz und Pfeffer

425 g Naturjoghurt

60 g Sultaninen

200 ml Hühnerbrühe

1 Tomate, gehackt

2 EL frisch gehackter Koriander oder frisch gehackte Petersilie

2 EL Kokosraspel, geröstet

frische Korianderzweige, zum Garnieren

2

3

1 Die Butter in einem großen Topf zerlassen. Hühnerfleischstücke und Zwiebel 3 Minuten darin anbraten.

2 Kurkuma, Zimt und Reis zugeben und mit Salz und Pfeffer würzen. 3 Minuten sanft dünsten.

3 Joghurt, Sultaninen und Hühnerbrühe einrühren, abdecken und unter gelegentlichem Rühren 15 Minuten köcheln, bis der Reis die gesamte Flüssigkeit aufgenommen hat und gar ist. Wenn die Mischung zu trocken wird, etwas Brühe nachgießen.

4 Gehackte Tomate und Koriander oder Petersilie zufügen.

5 Mit Kokosraspeln bestreuen und mit frischem Koriander garniert servieren.

Tipp

Langkornreis ist eine der preiswertesten Reissorten und praktisch überall erhältlich. Basmati-Reis hat lange, schlanke Körner und einen sehr aromatischen Geschmack. Er ist meist etwas teurer und eignet sich für aufwändige Gerichte zu speziellen Anlässen. Reis sollte vor dem Gebrauch gründlich unter fließend kaltem Wasser gewaschen werden.

Kräuterkeulen mit Gemüse

Diese Hähnchenkeulen sind auf jeder Party ein Erfolg. Traditionell werden sie in einem Karahi zubereitet und serviert. Falls Sie keinen haben, nehmen Sie eine tiefe gusseiserne Pfanne.

Für 4 Personen

8 Hähnchenunterkeulen
1½ TL frisch gehackter Ingwer
2 Knoblauchzehen, zerdrückt
1 TL Salz
1 Zwiebel, gehackt
½ Bund frischer Koriander
4–6 grüne Chillies
600 ml Öl
1 Zwiebel, in Streifen geschnitten
4 feste Tomaten, in Spalten geschnitten
2 große grüne Paprika, entkernt und in Streifen geschnitten

1 Jede Hähnchenunterkeule mit einem scharfen Messer zwei- bis dreimal schräg einschneiden. Mit Ingwer, Knoblauch und Salz einreiben und beiseite stellen.

2 Die gehackte Zwiebel, Koriander und Chillies mit einem Stößel im Mörser oder in der Küchenmaschine zu einer Paste verarbeiten. Die Hähnchenunterkeulen damit einreiben.

3 Das Öl in einem Karahi oder einer tiefen, großen Pfanne erhitzen. Die Zwiebelstreifen zugeben und goldbraun frittieren. Mit einem Schaumlöffel aus der Pfanne nehmen und beiseite stellen.

4 Die Temperatur auf mittlere Hitze reduzieren und die Hähnchenunterkeulen portionsweise (je 2–3 Stück) in die Pfanne geben und 10–15 Minuten frittieren, bis sie gar sind.

5 Die fertig gegarten Keulen mit einem Schaumlöffel aus der Pfanne nehmen und warm stellen.

6 Tomaten und Paprika in die Pfanne geben und bissfest braten.

7 Dann die Tomaten und Paprika auf eine Servierplatte geben und die Hähnchenunterkeulen darauf anrichten. Mit den frittierten Zwiebeln garnieren.

3

1

2

DISHES FOR ENTERTAINING

Hühnchen-Korma

Korma bezeichnet ein mildes, aber aromatisches Curry. Wenn Sie auf fettarme Ernährung achten, ersetzen Sie die Crème double einfach durch Naturjoghurt.

GERICHTE AUS ALLER WELT

Für 4–6 Personen

750 g Hühnerfleisch, in mundgerechte
 Stücke geschnitten
300 g Crème double
½ TL Garam Masala
frische Korianderzweige, zum Garnieren
gekochter Reis, zum Servieren

KORMAPASTE
2 Knoblauchzehen
2,5-cm-Stück Ingwerwurzel, grob gehackt
50 g blanchierte Mandeln
6 EL Hühnerbrühe
1 TL gemahlener Kardamom
4 Gewürznelken, zerdrückt
1 TL Zimt
2 große Zwiebeln, gehackt
1 TL Korianderkörner
2 TL gemahlener Kreuzkümmel
1 Prise Cayennepfeffer
6 EL Olivenöl
Salz und Pfeffer

1

3 Das Fleisch in einen großen Topf geben und 25 Minuten köcheln. Wenn die Mischung zu trocken wird, etwas Brühe zugießen.

4 Crème double und Garam Masala zugeben und weitere 15 Minuten köcheln. Das Korma vom Herd nehmen und vor dem Servieren 10 Minuten ruhen lassen. Mit frischem Koriander garnieren und auf einem Reisbett servieren.

1 Die Zutaten für die Kormapaste im Mixer oder in einer Küchenmaschine zu einer glatten Paste verarbeiten.

2 Das Hühnerfleisch in eine Schüssel geben und die Kormapaste unterheben. Gründlich durchmischen, sodass das Fleisch rundum bedeckt ist. Abdecken und zum Marinieren 3 Stunden kalt stellen.

2

Tipp

Garam Masala ist eine indische Gewürzmischung. Sie kann fertig gekauft oder selbst zubereitet werden. Dazu 1 TL Kardamomsamen, 2 TL Gewürznelken, 2 EL Kreuzkümmelsamen, 2 EL Koriandersamen, 7,5 cm Zimtstange, 1 EL schwarze Pfefferkörner und 1 getrocknete rote Chili im Mörser oder in der Gewürzmühle zu Pulver zermahlen.

Thailändisches Kokoshuhn

Dieses traditionell thailändische Gericht wird mit einer klassischen Sauce aus Limetten, Erdnüssen, Kokosnuss und Chili serviert.

GERICHTE AUS ALLER WELT

3

4

Für 4 Personen

150 ml heiße Hühnerbrühe

30 g Kokoscreme

1 EL Sonnenblumenöl

8 Hähnchenschenkel, gehäutet, entbeint und in Streifen geschnitten

1 kleine rote Chili, in dünne Ringe geschnitten

4 Frühlingszwiebeln, in dünne Ringe geschnitten

4 EL Erdnussbutter

abgeriebene Schale und Saft von 1 Limette

gekochter Reis, zum Servieren

GARNIERUNG

rote Chillies

Frühlingszwiebeln, zu Blüten geschnitten

1. Die Hühnerbrühe in eine kleine Schüssel gießen. Die Kokoscreme zerbröseln, in die Hühnerbrühe geben und so lange rühren, bis sie aufgelöst ist.

2. Das Öl in einem Wok oder einer großen Pfanne erhitzen. Die Hühnerfleischstreifen zugeben und unter Rühren braten, bis sie goldbraun sind.

3. Chili und Frühlingszwiebeln zugeben und unter Rühren einige Minuten sanft mitbraten.

4. Erdnussbutter, Hühnerbrühe, Limettenschale und -saft zugeben und 5 Minuten köcheln.

5. Das Fleisch auf einen Servierteller geben, mit Chillies und Frühlingszwiebeln garnieren und mit Reis servieren.

1

Variation

Limetten spielen in der thailändischen Küche eine große Rolle, vor allem mit süßlichen Zutaten wie Kokos oder Erdnüssen. Sie werden den Zitronen vorgezogen, weil sie mehr Säure enthalten und den Gerichten somit ein frischeres Aroma verleihen. Wenn keine Limetten erhältlich sind, können Sie auch Zitronen verwenden.

GERICHTE AUS ALLER WELT

Fürstliche Poularde mit Cashew-Füllung

In diesem Rezept wird fast die gesamte Füllung getrennt von der Poularde zubereitet. Nur ein kleiner Teil wird am Halsende eingefüllt.

Für 4 Personen

1 Poularde (ca. 1,5 kg)
1 kleine Zwiebel, halbiert
25 g Butter, zerlassen
1 TL gemahlene Kurkuma
1 TL gemahlener Ingwer
½ TL Cayennepfeffer
Salz und Pfeffer
frische Korianderzweige, zum Garnieren

FÜLLUNG

2 EL Öl
1 Zwiebel, fein gehackt
½ rote Paprika, entkernt und fein gehackt
2 Knoblauchzehen, zerdrückt
125 g Basmati-Reis
350 ml heiße Hühnerbrühe
abgeriebene Schale von ½ Zitrone
½ TL gemahlene Kurkuma
½ TL gemahlener Ingwer
½ TL gemahlener Koriander
90 g gesalzene Cashewkerne
1 Prise Cayennepfeffer

2

2

1 Für die Füllung das Öl in einem Topf erhitzen, Zwiebel, Paprika und Knoblauch zugeben und 4–5 Minuten andünsten. Den Reis zugeben und gut umrühren. Die Hühnerbrühe zugießen, aufkochen und 15 Minuten köcheln. Die Reismischung in eine Schüssel geben, die restlichen Zutaten für die Füllung zufügen und mit Cayennepfeffer würzen.

2 Die Hälfte der Füllung am Halsende in die Poularde füllen und mit einem Spieß oder Zahnstocher verschließen. Die halbierte Zwiebel in die Schwanzöffnung der Poularde geben. Die restliche Reisfüllung in eine eingefettete Auflaufform geben und abdecken.

3 Die Poularde in einen Bräter geben und mit der Gabel mehrmals einstechen. Butter und Gewürze verrühren und die Poularde damit bestreichen.

3

4 Den Backofen auf 190 °C vorheizen und die Poularde 1 Stunde backen, dabei mehrfach mit Bratensaft übergießen. Die restliche Reismischung 30 Minuten vor Ende der Backzeit mit in den Ofen geben. Den Spieß entfernen, die Poularde mit frischem Koriander garnieren und mit Reis und Bratensaft servieren.

GERICHTE AUS ALLER WELT

Scharf gegrillte Hühnchen-Tikka

Bei diesem Gericht werden Hühnerfleischstreifen in einer köstlichen Marinade aus Joghurt, Knoblauch und Gewürzen mindestens drei Stunden lang verfeinert.

GERICHTE AUS ALLER WELT

2

3

Für 6 Personen

1 TL frisch gehackter Ingwer

1 Knoblauchzehe, zerdrückt

½ TL gemahlener Koriander

½ TL gemahlener Kreuzkümmel

1 TL Chilipulver

3 EL Naturjoghurt

1 TL Salz

2 EL Zitronensaft

einige Tropfen rote Lebensmittelfarbe
  (nach Belieben)

1 EL Tomatenmark

1,5 kg Hähnchenbrustfilet

1 Zwiebel, in Ringe geschnitten

3 EL Öl

grüne Salatblätter, zum Servieren

Zitronenspalten, zum Garnieren

1 Ingwer, Knoblauch, Koriander, Kreuzkümmel und Chilipulver in einer großen Schüssel mischen.

2 Joghurt, Salz, Zitronensaft, Lebensmittelfarbe (nach Wunsch) und Tomatenmark mit den Gewürzen verrühren.

3 Die Hähnchenbrustfilets mit einem scharfen Messer in mundgerechte Stücke schneiden. Die Fleischstücke rundum in der Joghurtmarinade wälzen und mindestens 3 Stunden oder über Nacht marinieren.

4 Die Zwiebelringe in einer ofenfesten Form verteilen und gleichmäßig mit der Hälfte des Öls beträufeln.

5 Das marinierte Hühnerfleisch darauf schichten und unter dem vorgeheizten Backofengrill 25–30 Minuten grillen. Dabei mit dem restlichen Öl bestreichen und einmal wenden.

3

6 Das Hühnchen-Tikka auf einem Salatbett anrichten und mit Zitronenspalten garnieren.

Tipp

Hühnchen-Tikka kann mit Naan-Brot, Chutney und Raita, einer Mischung aus gehacktem Knoblauch, Gurke und Naturjoghurt, serviert werden.

Hühnchen mit Paprika & Nudeln

Dieses Gericht ist durch die Technik des Pfannenrührens im Wok rasend schnell zubereitet. Auf diese Weise bleibt das Gemüse schön knackig.

Für 4 Personen

400 g Hähnchenbrustfilets, in schmale Streifen geschnitten

1 Prise Salz

1 Prise Speisestärke

2 EL Öl

1 Knoblauchzehe, zerdrückt

1 EL schwarze Bohnensauce

je 1 kleine rote und grüne Paprika, entkernt und in Streifen geschnitten

1 rote Chili, fein gehackt

75 g Champignons, in Scheiben geschnitten

1 Zwiebel, gehackt

6 Frühlingszwiebeln, gehackt

frische asiatische Eiernudeln, zum Servieren

ZUM WÜRZEN

½ TL Salz

½ TL Zucker

3 EL Hühnerbrühe

1 EL dunkle Sojasauce

2 EL Rinderbrühe

2 EL Reiswein

1 TL Speisestärke, mit etwas Reiswein angerührt

1 Die Fleischstreifen in eine Schüssel geben. Salz und Speisestärke zugeben und mit Wasser bedecken. 30 Minuten stehen lassen.

2 1 Esslöffel Öl in einem Wok oder einer tiefen Pfanne erhitzen und die Fleischstreifen 4 Minuten darin anbraten. Das Fleisch aus dem Wok heben und auf einen vorgewärmten Servierteller geben. Den Wok reinigen.

3 Das restliche Öl in den Wok geben und Knoblauch, schwarze Bohnensauce, Paprika, Chili, Champignons, Zwiebel und Frühlingszwiebeln zugeben. 2 Minuten pfannenrühren. Dann das Hühnerfleisch wieder in den Wok geben.

4 Die Würzzutaten zugeben, 3 Minuten braten und mit der angerührten Speisestärke andicken. Anrichten und mit frischen Nudeln servieren.

3

1

2

Tipp

Schwarze Bohnensauce ist in asiatischen Lebensmittelgeschäften erhältlich. Wenn Sie keine frischen asiatischen Nudeln finden, können Sie auch getrocknete verwenden.

Hühnchen auf knusprigen Nudeln

Blanchierte Nudeln, im Wok knusprig braun gebraten, bilden die schmackhafte Grundlage für Hühnerfleisch in einer köstlichen Sauce.

GERICHTE AUS ALLER WELT

2

Für 4 Personen

225 g Hähnchenbrustfilet,
  in Streifen geschnitten

1 Eiweiß, leicht verquirlt

5 TL Speisestärke

225 g dünne asiatische Eiernudeln

300 ml Pflanzenöl

600 ml Hühnerbrühe

2 EL trockener Sherry

2 EL Austernsauce

1 EL helle Sojasauce

1 EL Hoisin-Sauce

1 rote Paprika, in dünne Streifen geschnitten

2 EL Wasser

3 Frühlingszwiebeln, in Ringe geschnitten

2

4 Den Wok mit Küchenpapier reinigen und erneut auf den Herd stellen. Sherry, Saucen, Paprika und die restliche Brühe hineingeben und aufkochen. Die restliche Speisestärke mit dem Wasser verrühren und in die Mischung im Wok einrühren.

5 Das Fleisch wieder in den Wok geben und bei geringer Hitze noch 2 Minuten garen. Dann mit der Sauce über die Nudeln geben, mit Frühlingszwiebeln bestreuen und sofort servieren.

1 Das Hühnerfleisch mit dem Eiweiß und 2 Teelöffel Speisestärke in einer Schüssel mischen. Mindestens 30 Minuten ruhen lassen.

2 Die Nudeln inzwischen in kochendem Wasser 2 Minuten blanchieren, dann gründlich abtropfen lassen. Das Öl in einem vorgewärmten Wok erhitzen. Die Nudeln zugeben, im Wok ausbreiten und bei geringer Hitze etwa 5 Minuten braten, bis sie auf der Unterseite braun sind. Die Nudeln wenden und die andere Seite braun braten. Wenn die Nudeln knusprig und braun sind, aus dem Wok heben, auf einen Servierteller geben und warm halten. Das Öl weggießen.

3 Die Hälfte der Hühnerbrühe in den Wok gießen. Vom Herd nehmen und das Hühnerfleisch zugeben. Gut rühren, damit es nicht festbackt. Wieder auf den Herd setzen und 2 Minuten garen. Das Fleisch herausnehmen und die Brühe fortgießen.

5

369

Pastete mit Porree & Huhn

Diese Pastete hat einen ungewöhnlichen Belag: Filo-Teig. In Falten aufgelegt und mit Butter gebacken ergibt dies eine wunderbare Kruste.

GERICHTE AUS ALLER WELT

Für 4 Personen

250 g fest kochende Kartoffeln, gewürfelt

60 g Butter

1 Hähnchenbrustfilet (ca. 170 g), gewürfelt

1 Porreestange, in Ringe geschnitten

150 g braune Champignons, in Scheiben geschnitten

2 EL Mehl

300 ml Magermilch

1 EL Dijonsenf

2 EL frisch gehackter Salbei

Salz und Pfeffer

220 g Filo-Teig

40 g Butter, zerlassen

1 Die Kartoffeln in einem Topf mit kochendem Wasser 5 Minuten garen, abgießen und beiseite stellen.

2 Die Butter in einer Pfanne zerlassen und die Fleischwürfel darin 5 Minuten rundum goldbraun braten.

3 Porree und Champignons zufügen und weitere 3 Minuten unter Rühren dünsten. Das Mehl einrühren und 1 weitere Minute dünsten. Nach und nach die Milch zugießen und unter Rühren aufkochen. Die Hitze reduzieren, Senf, Salbei und Kartoffeln einrühren und 10 Minuten köcheln. Mit Salz und Pfeffer würzen.

4

5

4 Den Backofen auf 180 °C vorheizen. Eine tiefe Auflaufform mit der Hälfte des Teiges auslegen. Die Fleisch-Gemüse-Mischung hineingeben, mit einer Lage Filo-Teig abdecken und diese mit der zerlassenen Butter einpinseln. Eine weitere Lage Teig darüber legen und ebenfalls mit Butter einpinseln.

5 Den restlichen Teig in Streifen schneiden und in gefalteten Lagen auf die Pastete legen. Mit der Butter einpinseln und im Backofen 45 Minuten goldgelb und knusprig backen. Sofort servieren.

Tipp

Wenn die Oberfläche zu schnell braun wird, decken Sie die Pastete nach der halben Backzeit oben mit Alufolie ab. Dadurch kann sie durchgaren, ohne oben anzubrennen.

3

GERICHTE AUS ALLER WELT

Hühnchenreis mit Gemüse

Bei diesem würzigen chinesischen Gericht wird mariniertes Hühnerfleisch mit Reis und viel Gemüse geschmort. Eine gesunde und schmackhafte Hauptmahlzeit.

Für 4 Personen

150 g Langkornreis
1 EL trockener Sherry
2 EL helle Sojasauce
2 EL dunkle Sojasauce
2 TL brauner Zucker
1 TL Salz
1 TL Sesamöl
900 g Hähnchenbrustfilet, gewürfelt
850 ml Hühnerbrühe
2 große Champignons mit offenem Hut, in Scheiben geschnitten
60 g Wasserkastanien, halbiert
75 g Brokkoli, in Röschen zerteilt
1 gelbe Paprika, entkernt und in Streifen geschnitten
4 TL frisch geriebener Ingwer
Schnittlauch, zum Garnieren

1 Den Reis in einem Topf mit kochendem Wasser 15 Minuten garen. Abgießen, kalt abspülen und gut abtropfen lassen.

2 Sherry, Sojasaucen, Zucker, Salz und Sesamöl in einer großen Schüssel gut vermischen.

3 Das Hühnerfleisch in die Sherry-Sojasaucen-Mischung geben und gründlich darin wenden. Mindestens 30 Minuten marinieren.

4 Die Hühnerbrühe in einen großen Topf oder vorgewärmten Wok geben und aufkochen.

5 Das Hühnerfleisch mit Marinade, Champignons, Wasserkastanien, Brokkoli, Paprika und Ingwer zugeben.

3

6

6 Die Hitze reduzieren. Das Fleisch mit dem Gemüse 25–30 Minuten kochen, bis das Fleisch gar ist. Dann den Reis unterrühren und kurz erwärmen.

7 Das fertige Gericht auf Servierteller verteilen, mit Schnittlauch garnieren und servieren.

Variation

Dieses Rezept schmeckt auch mit Rind- oder Schweinefleisch. Die Champignons können auch durch eingeweichte chinesische Trockenpilze ersetzt werden.

2

GERICHTE AUS ALLER WELT

Huhn-Bananen-Burger

Kartoffelküchlein werden gewöhnlich nur als Beilage serviert. Mit Hackfleisch und einer zerdrückten Banane wird hier das Kartoffelpüree zu leckeren und sättigenden Burgern geformt.

GERICHTE AUS ALLER WELT

Für 4 Personen

450 g mehlig kochende Kartoffeln, gewürfelt

225 g Hühnerfleisch, durch den Fleischwolf gedreht

1 große Banane

2 EL Mehl

1 TL Zitronensaft

1 Zwiebel, fein gehackt

2 EL frisch gehackter Salbei

Salz und Pfeffer

25 g Butter

2 EL Pflanzenöl

150 g Sahne

150 ml Hühnerbrühe

frische Salbeiblätter, zum Garnieren

2

3

4

1 Die Kartoffeln in einem Topf mit kochendem Wasser 10 Minuten garen. Gründlich abgießen und zu Püree zerstampfen. Mit dem Hackfleisch verrühren.

2 Die Banane mit einer Gabel zerdrücken und mit Mehl, Zitronensaft, Zwiebel und 1 Esslöffel Salbei unter die Kartoffelmasse rühren. Mit Salz und Pfeffer abschmecken und gut mischen.

3 Die Kartoffelmasse in 8 gleich große Portionen teilen. Mit leicht bemehlten Händen daraus Burger formen.

4 Die Butter und das Öl in einer Pfanne erhitzen und die Burger 12–15 Minuten portionsweise darin braten, dabei einmal wenden. Herausnehmen und warm stellen.

5 Sahne, Brühe und den restlichen Salbei in die Pfanne geben und bei schwacher Hitze 2–3 Minuten durchwärmen.

6 Die Burger auf einer Servierplatte anrichten, mit Salbeiblättern garnieren und servieren. Dazu die Sauce reichen.

Tipp

Die Sahnesauce nicht aufkochen, sondern bei schwacher Hitze sanft erwärmen, da sie sonst flockig wird.

Knuspriges Fünf-Gewürze-Hähnchen

Mit einer Glasur aus Honig, Fünf-Gewürze-Pulver und Reisessig wird dieses Hähnchen knusprig frittiert.

Für 4 Personen

1 Poularde (ca. 1,5 kg)
2 EL flüssiger Honig
2 TL Fünf-Gewürze-Pulver
2 EL Reisessig
850 ml Pflanzenöl, zum Frittieren
Chilisauce, als Dip

3 Für die Glasur Honig, Fünf-Gewürze-Pulver und Reisessig in einer kleinen Schüssel mischen.

4 Die Poularde rundum mit der Glasur einpinseln und 20 Minuten in den Kühlschrank stellen. Diesen Vorgang so oft wiederholen, bis die Glasur aufgebraucht ist. Dann die Poularde nochmals mindestens 2 Stunden kalt stellen.

5

Tipp

Statt einer ganzen Poularde oder eines ganzen Hähnchens können Sie für dieses Gericht auch vorbereitete Hühnerteile nehmen, z. B. Hähnchenschenkel.

1 Die Poularde innen und außen gründlich unter fließend kaltem Wasser waschen und mit Küchenpapier trockentupfen.

2 In einem großen Topf Wasser aufkochen und vom Herd nehmen. Die Poularde hineinlegen und abgedeckt 20 Minuten ziehen lassen. Dann die Poularde herausnehmen, mit Küchenpapier trockentupfen und über Nacht kalt stellen.

2

2

5 Mit einem Küchenbeil oder einem scharfen Messer die Poularde entlang der Brust halbieren. Die Hälften jeweils in 4 Stücke teilen.

6 Das Frittieröl rauchheiß in einem Wok erhitzen. Die Hitze reduzieren und jedes Hühnerteil 5–7 Minuten goldbraun frittieren. Mit einem Schaumlöffel aus dem Öl nehmen und auf Küchenpapier abtropfen lassen.

7 Die Hühnerteile auf einer Servierplatte anrichten und heiß mit etwas Chilisauce als Dip servieren.

Glasiertes Brathähnchen

Ein köstliches Rezept für ein ganzes Hähnchen. Es bekommt eine wunderbare Glasur, die gleichzeitig auch als Sauce verwendet wird.

GERICHTE AUS ALLER WELT

2

3

Für 4 Personen

1 Poularde (ca. 1,5 kg)

3 EL Pflanzenöl

1 EL Erdnussöl

2 EL brauner Zucker

5 EL dunkle Sojasauce

150 ml Wasser

2 Knoblauchzehen, zerdrückt

1 kleine Zwiebel, gehackt

1 rote Chili, gehackt

GARNIERUNG

Stangensellerieblätter

frischer Schnittlauch

2

4 Die Poularde aus dem Wok nehmen und beiseite stellen. Die Hitze erhöhen und die Sauce im Wok andicken lassen. Die Poularde auf einem Servierteller mit Sellerieblättern und Schnittlauch garnieren und mit der Sauce servieren.

Tipp

Achten Sie darauf, dass die Temperatur nicht zu hoch ist, wenn Sie den Zucker karamellisieren, da er sonst verbrennen könnte.

1 Die Poularde innen und außen mit feuchtem Küchenpapier abtupfen.

2 Das Pflanzen- und Erdnussöl in einen vorgewärmten Wok geben, den Zucker zufügen und bei geringer Hitze karamellisieren. Die Sojasauce einrühren. Die Poularde in den Wok legen und rundum in der Sauce wenden.

3 Wasser, Knoblauch, Zwiebel und Chili zugeben. Abdecken und die Poularde bei geringer Hitze unter gelegentlichem Wenden etwa 1 Stunde schmoren, bis sie durchgegart ist. Zur Probe das Fleisch einstechen. Fließt klarer Bratensaft heraus, ist es gar.

Variation

Mögen Sie die Sauce etwas schärfer, fügen Sie in Schritt 3 zur Chili 1 Esslöffel sehr fein gehackten frischen Ingwer und 1 Esslöffel gemahlenen Szechuan-Pfeffer hinzu. Falls Ihnen der Geschmack der dunklen Sojasauce zu intensiv ist, verwenden Sie nur 2 Esslöffel dunkle Sojasauce und 3 Esslöffel helle Sojasauce. Das Aroma wird so etwas feiner, die kräftige goldbraune Farbe bleibt jedoch erhalten.

GERICHTE AUS ALLER WELT

Hühnchen-Kartoffel-Pfanne

Kleine neue Kartoffeln sind für dieses Rezept ideal, da sie im Ganzen gekocht werden können. Größere Kartoffeln sollten zuvor halbiert oder grob gewürfelt werden.

Für 4 Personen

2 EL Pflanzenöl

60 g Butter

4 Hühnerteile (je ca. 225 g)

2 Porreestangen, in Ringe geschnitten

1 Knoblauchzehe, zerdrückt

4 EL Mehl

900 ml Hühnerbrühe

300 ml trockener Weißwein

Salz und Pfeffer

125 g kleine Karotten, längs halbiert

125 g Babymaiskolben, längs halbiert

450 g kleine neue Kartoffeln

1 Bouquet garni

150 g Crème double

frisches Gemüse (z. B. Brokkoli), zum Servieren

1

3

5

Tipp

Nehmen Sie statt des Huhns einmal Putenfleisch und variieren Sie das Gemüse je nach Geschmack.

1 Öl und Butter in einer großen Pfanne erhitzen, die Hühnerteile zufügen und 10 Minuten goldbraun anbraten, dabei oft wenden. Das Fleisch mit einem Schaumlöffel herausheben und in eine ofenfeste Kasserolle geben.

2 Porree und Knoblauch in die Pfanne geben und unter Rühren 2–3 Minuten dünsten. Das Mehl einrühren und 1 weitere Minute anschwitzen. Die Pfanne vom Herd nehmen, Brühe und Wein einrühren und mit Salz und Pfeffer abschmecken.

3 Die Pfanne wieder auf den Herd stellen und die Flüssigkeit kurz aufkochen. Karotten, Mais, Kartoffeln und Bouquet garni zugeben.

4 Den Backofen auf 180 °C vorheizen. Die Gemüsemischung in die Kasserolle zum Fleisch geben, Deckel auflegen und 1 Stunde im Ofen garen.

5 Den Deckel entfernen, die Crème double einrühren und weitere 15 Minuten schmoren. Das Bouquet garni herausnehmen und wegwerfen. Gegebenenfalls erneut abschmecken. Die Kartoffelpfanne mit frischem Gemüse servieren.

GERICHTE AUS ALLER WELT

Zwiebelreis mit Fünf-Gewürze-Huhn

Dieser Reis verdankt seine wunderbare gelbe Farbe der Kurkuma und sein herrliches Aroma dem chinesischen Fünf-Gewürze-Pulver.